August Nebe

Luther als Seelsorger

August Nebe

Luther als Seelsorger

ISBN/EAN: 9783743609518

Hergestellt in Europa, USA, Kanada, Australien, Japan

Cover: Foto ©ninafisch / pixelio.de

Manufactured and distributed by brebook publishing software
(www.brebook.com)

August Nebe

Luther als Seelsorger

Luther als Seelsorger.

Von

August Nebe,
der Theologie Doctor, Professor, Pfarrer

Wiesbaden.
Julius Niedner, Verlagshandlung.
1883.
Philadelphia
bei Schäfer & Koradi.
C

Seinen lieben Freunden

Herrn Rittmeister a. D. Karl v. Krosigk

zu Wendelstein

und

Herrn Obersten a. D. Otto v. Dewitz

zu Wiehe

gewidmet

vom

Verfasser.

Noch eine kleine Gabe auf den großen vierhundertjährigen Geburtstagstisch Luther's: hoffentlich keine unerwünschte und überflüssige. Die Seite des Reformators, welche hier darzustellen versucht wird, darf nicht bloß gestreift werden, sondern verdient es, daß man sie scharf in's Auge fasse. Sehen wir doch hier hinab in sein tiefstes Herz, offenbart sich uns hier doch die Seele seines großartigen Wirkens!

Zu den Quellen ward überall zurückgegangen und, wo es Noth that, aus dem Lateinischen in's Deutsche übertragen, weil dieses Büchlein für Jedermann verständlich sein sollte.

Roßleben, im September 1883.

Dr. Nebe.

Inhaltsverzeichniß.

Ein altes Sprichwort lautet: Arzt, hilf dir selbst. (Luk. 4, 23.) Wir wissen recht gut, daß nicht jedes Sprichwort ein wahres Wort ist, daß es, wenn es auch eine Wahrheit enthält, doch nicht in allen Fällen das Richtige trifft: oder hätte der Herr seiner würdig und Gott wohlgefällig gehandelt, wenn er, trotzdem daß er bei seinen Heimathsgenossen keinen Glauben fand, in Nazareth Wunder gethan hätte, oder wenn er auf das Spottwort hin: er hat Andern geholfen, er helfe sich selbst, ist er Christ, der Auserwählte Gottes (Luk. 23, 35), die Nägel aus Händen und Füßen gerissen hätte und von dem Kreuze herabgestiegen wäre? Aber dieses alte Sprichwort ist und bleibt in Bezug auf die Seelsorge ewig wahr: Niemand wird einen Andern berathen und versorgen können, wenn er nicht zuvor sich selbst berathen und versorgt hat; wer den Anderen helfen will als Seelenarzt, muß zu allererst selbst die rechte Arznei gewissenhaft gebraucht haben. Darum mußte Luther der Seelsorger zuvörderst für seine eigene Seele sorgen.

1. Wie Luther für seine eigene Seele sorgte.

Es hat nur Einen auf Erden gegeben, welcher aller fremden Hülfe entrathen konnte, der Alles, was er zu dem wahrhaftigen Leben bedurfte, in den Tiefen seines eigenen reinen, gottseligen Herzens vorfand: und doch spricht dieser Eine, unser Erlöser, als die schwerste Stunde seines Lebens geschlagen hatte, zu seinen drei auserwählten Aposteln: bleibet hier und wachet mit mir! (Matth. 26, 38.) Wie hoch der Reformator auch steht, so hoch stand er doch nicht, daß er ohne Zuspruch Anderer zurecht gekommen wäre. Sein ganzes Leben lang gedachte er mit der herzlichsten Dankbarkeit vornehmlich zweier Männer, welche in dem Kloster zu Erfurt seine arme Seele, welche mit meist eingebildeten Sünden sich abmarterte und an der Gnade Gottes zweifelte, erquickten und dem zuführten, der die Mühseligen und Beladenen so freundlich zu sich einladet. Ein alter, frommer Klosterbruder, dessen Name leider unbekannt geblieben ist, wies ihn, als er ihm seine Gewissensqualen mittheilte, auf das Hauptstück des Glaubens hin, in welchem gesagt wird: ich glaube eine Vergebung der Sünden. Diesen Artikel legte jener ihm so aus, daß nicht bloß im Allgemeinen zu glauben sei, daß Einige Vergebung erlangten, wie auch die Teufel glaubten, daß dem David oder dem Petrus vergeben werde, sondern der Befehl Gottes sei, daß jeder von uns in Sonderheit glauben solle, ihm werde seine Sünde vergeben [1]. „Sohn, was machst du?" sprach der greise Lehrer zu seinem Schüler, der ihm mit vielen Thränen seine Anfechtungen klagte, „weißt du nicht, daß der Herr selbst geboten hat, daß wir hoffen sollen?" „Durch dieses eine Wort: geboten", bekennt Luther in der Enarration des Psalms 51 zu B. 9 [2], „wurde ich so gestärkt, daß ich wußte, der Absolution sei zu glauben, welche ich früher zwar oft gehört hatte, aber, durch thörichte Gedanken verhindert, nicht glauben zu dürfen meinte, sondern hörte, als ob sie mir nicht gälte." Der Generalvikar der Augustiner Eremiten, in deren Orden Luther eingetreten war, der erfahrene Dr. Johann Staupitz half weiter. Dieser fromme, praktische Mystiker hatte tiefe Blicke gethan in das Herz der h. Schrift wie in das Herz des Menschen. „Es ist ein großer Berg, du sollst hinüber, — spricht das Gesetz; ich will hinüber, — spricht die Vermessenheit; du kannst nicht, — spricht das Gewissen; so will ich's lassen, — spricht die Verzweiflung [3]." Das ist ein Wort von ihm, das Luther nicht wieder vergessen konnte. Er bezeugte ihm, daß „Christus nicht schreckt, sondern tröstet". „Warum quälst du dich mit diesen Spekulationen?" rief Staupitz ihm einst zu [4]. „Schaue die Wunden Christi und sein für dich vergossenes Blut an: daraus wird die Prädestination hervorstrahlen." Eine gelegentliche Aeußerung desselben, daß nur die Buße wahre Buße sei, welche von der Liebe zu der Gerechtigkeit

---

1) Melanthon's vita Lutheri.
2) Op. ex. ed. Erlang. 19, 100.
3) Tischreden. Aurifaben, 149 b. Förstemann, 2, 48.
4) Op. ex. 6, 296 zu Gen. 26.

unb zu Gott anfange [1]), blieb wie der scharfe Pfeil eines Mächtigen, so drückt Luther sich selbst aus, in seiner Seele hängen unb er fand, daß die Schrift damit vollkommen übereinstimme. Er warb burch seinen Staupitz, wie er ihn später gern nennt, von bem krankhaften Schuldbewußtsein burch den Vorhalt befreit: „du willst ein erdichteter Sünder sein unb Christus für einen erdichteten Heiland halten. Du mußt dich daran gewöhnen, daß Christus ein wahrer Heiland ist unb daß bu ein wahrer Sünder bist: Gott thut nichts zum Scherz unb Schein unb spaßt nicht, wenn er seinen Sohn senbet unb für uns bahin gibt [2]).“ Oefters warb er, wenn er mit seinen selbstquälerischen Klagen kam, einfach mit dem Worte abgewiesen: „Magister Martine, bas verstehe ich nicht [3]).“ „Doktor Staupitz,“ so erzählt Luther selbst in seinen Tischreden [4]), „hab' ich oft gebeichtet nicht von Weibern, sondern bie rechten Knoten, ba sagte er: ich verstehe es nicht: das heißt recht getröstet. — Zuletzt hob Dr. Staupitz an zu mir über Tisch, ba ich so traurig unb erschlagen (niebergeschlagen) war, unb sprach: wie seib ihr so traurig, Bruder Martine? Da sprach ich: ach, wo soll ich hin? Sprach er: ach, ihr wisset nicht, baß euch solche Tentatio gut unb noth ist, sonst würde nichts Gutes aus euch. Das verstanb er selbst nicht, denn er gebachte, ich wäre gelehrt unb wenn ich nicht Anfechtung hätte, so würde ich stolz unb hoffärtig werden. Ich aber nahm es an, wie Paulus sagt: mir ist ein Pfahl in's Fleisch gegeben, baß ich mich ber hohen Offenbarung nicht überhübe. Darum nahm ich es auf als ein Wort unb eine Stimme bes h. Geistes.“

Hatte Luther schon in bem Kloster die Erfahrung gemacht, baß bie, von benen er hoffte, daß sie seine Seelenängste unb Leiden verstehen würden, ihm vielfach nicht rathen unb helfen konnten, so hielt ihn diese Erfahrung boch nicht ab, in ber Folge fort unb fort nach brüderlichem Zuspruch sich umzuthun. Er hielt sich nie für allgenugsam, für hoch über alle Andern erhaben; bemüthig, bringlich bat er in schweren Stunden um Hülfe. „Am Sonnabend Visitationis Mariae (den 9. Juli 1527),“ berichtet Luthers ver=

---

1) Briefe, be Wette 1, 116.
2) Briefe, be Wette 5, 680.
3) Tischreden. Aurif. 314 b. Först. 3, 119.
4) Aurif. 320 a. Först. 3, 135.

trautester Freund in Wittenberg, der treffliche Dr. Johann Bugenhagen [1]), „hat Dr. Martinus Lutherus, unser lieber Vater, eine schwere Anfechtung gehabt, denen gleich, welcher oft in Psalmen gedacht wird. Er hat zwar zuvor wohl mehr solche Anfechtung erlitten, aber nie so heftig, als auf dieses Mal, wie er am folgenden Tage Dr. Jonä, Dr. Christiano und mir bekannte, sagte: sie wäre viel härter und gefährlicher gewesen, denn die leibliche Schwachheit, die ihn desselben Sonnabends auf den Abend um 5 Uhr angestoßen hatte; wiewohl er hernach sich hören ließ, daß auch dieselbige leibliche Schwachheit nicht natürlich wäre gewesen, sondern vielleicht dergleichen Leiden, wie St. Paulus erlitten hatte vom Satan, der ihn mit Fäusten geschlagen. 2 Kor. 12. Da nun dieselbige geistliche Anfechtung des Sonnabends früh vorüber war, besorgt der fromme Hiob, wo die Hand Gottes so stark wieder käme, würde er sie nicht ertragen können, hatte vielleicht auch eine Beisorge, es wäre nun an dem, daß ihn unser Herr Jesus Christus wollte von hinnen rufen, schickt derhalb seinen Diener Wolf zu mir um 8 Uhr Vormittage, ließ mir durch ihn sagen: ich wollte eilend zu ihm kommen. Da er eilend sagte, entsetzte ich mich etwas darüber, fand doch den Doktor in gewöhnlicher Gestalt bei seiner Hausfrauen stehen, wie er denn konnte mit stillem, eingezogenem Gemüthe Gott Alles heimgeben und befehlen. Denn er pflegt seine Anliegen nicht Menschen zu klagen, die ihm nicht helfen können, denen er mit seinen Klagen nicht kann nützlich sein, sondern er pflegt sich also gegen die Leute zu stellen, wie sie ihn begehren zu haben, die bei ihm Trost suchen. Thut er ihm unterweilen über Tisch mit Fröhlichsein zu viel, hat er selbst keinen Gefallen daran, und kann solches keinem gottseligen Menschen übel gefallen, viel weniger ärgern, denn er ist ein leutseliger Mensch und aller Gleißnerei und Heuchelei feind. Aber, daß ich fortfahre, fragte ich den Doktor, warum er mich hätte rufen lassen. Antwortet er: um keiner bösen Sache willen. Da wir nun hinaufgegangen waren und beiseits traten an einen sonderlichen Ort, befahl er sich und Alles, was er hatte, mit großem Ernste Gott, hob an zu beichten und zu bekennen seine Sünde und der Meister begehrte vom Schüler Trost aus göttlichem Wort, item eine Absolution und Entbindung von allen seinen Sünden, ermahnte mich auch, ich sollte

---

1) Luther's Werke. Jena 3, 403 b.

fleißig für ihn bitten, welches ich deßgleichen von ihm begehrte. Weiter begehrte er, ich wollte ihm erlauben, daß er des folgenden Sonntags möchte empfahen das h. Sakrament des Leibes und Blutes Christi, denn er hoffte, er wolle auf denselbigen Sonntag predigen, besorgte sich nicht, so viel ich merken konnte, des Unfalls, so ihm Nachmittage widerfuhr, und sagte doch gleich wohl: will mich der Herr jetzt rufen: so geschehe sein Wille." Als in demselben Jahr 1527 die Pest in Wittenberg ausbrach und in dem Pfarrhause die Frau des Kaplans Georg Rörer derselben erlegen war, so nahm Luther den Dr. Pommer in sein Haus auf „nicht sowohl", wie er selbst an Nikolaus Hausmann schreibt[1]), „seinet- als meinetwegen, daß er mir ein Trost in meiner Einsamkeit sei." Freudig bekennt er, welcher Trost ihm durch seinen damaligen Hausgenossen nach Gottes wunderbarem Rathe zu Theil ward. „Als Anno 1535 die Universität Wittenberg," berichtet er in den Tischreden[2]), „um der Sterbensläufe willen gen Jena verlegt und ich einer Sache halben gar bekümmert und traurig ward, sprach Dr. Pommer zu mir: unser Herr Gott gedenkt ohne Zweifel im Himmel, was soll ich doch mit diesem Menschen mehr machen? Ich hab' ihm so viel herrliche, große Gaben gegeben, noch will er an meiner Gnade verzweifeln. Diese Worte waren mir ein herrlicher, großer Trost und blieben mir fest in meinem Herzen sitzen, als hätte sie mir ein Engel vom Himmel selber gesprochen, wiewohl damals Dr. Pommer darauf nicht dachte, daß er mit seiner Rede mir einen Trost wollte geben." Der Reformator begehrte nicht bloß den Beistand solcher hervorragender evangelischer Männer wie Bugenhagen und Jonas: auch der geringe Bruder war ihm erwünscht. Als er während des Reichstags zu Augsburg 1530 auf dem Schloß zu Coburg weilte, empfing er alle vierzehn Tage aus den Händen des dortigen Pfarrers Johann Grosche die Absolution und das hochwürdige Sakrament; er rühmte den Trost und den Unterricht dieses schlichten Geistlichen dermaßen seinem Schüler und Begleiter Veit Dietrich, daß dieser jenen bat, er wolle ihm die Sprüche zusammenstellen, so er ungefährlich, die Gewissen damit zu trösten, in der Absolution führe. Grosche that dieß und Luther, welcher diese Spruchsammlung zu

---

1) Briefe, de Wette 3, 219.
2) Aurif. 328 a. Först. 3, 159.

Gesicht bekam, hatte ein solches Wohlgefallen daran, daß er sie für sich selbst abschreiben ließ. Denn in den täglichen Anfechtungen, erklärte er, hätte er mehr als ein Mal gelernt und erfahren, wie auch die wohlbekannten Sprüche sich oftmals verlieren und nicht einfallen wollen [1]).

Daß der am Besten für seine Seele sorgt, welcher sich ganz in den Quick- und Heilbrunnen des Wortes Gottes versenkt, wußte Niemand besser als unser Luther. Wir wissen, was ihn in das Kloster trieb: er wollte Ruhe finden für seine Seele. Was verlangte er dort am Ersten? „Als ich in das Kloster gegangen war," erzählt er selbst [2]), „forderte ich eine Bibel und die Brüder gaben mir eine. Sie war in rothes Leder gebunden. Ich machte mich so vertraut mit ihr, daß ich von jedem Spruch wußte, auf welcher Seite und an welcher Stelle er stand. Hätte ich sie behalten, so würde ich ein trefflicher localis biblicus sein. Kein anderes Studium gefiel mir als das der h. Schrift. Ich las eifrig darin und prägte sie meinem Gedächtniß ein. Manchmal lag mir ein einziger sinnschwerer Spruch den ganzen Tag in Gedanken. Auch den bedeutsamen Worten der Propheten, deren ich mich noch wohl erinnere, sann und sann ich nach, obwohl ich sie nicht zu fassen vermochte z. B. wie man im Ezechiel liest: ich will nicht den Tod des Sünders u. s. w."

An der Schrift erbaute sich der Reformator sein Leben lang: Gottes Wort war seine tägliche Kost und seine beständige Wehr und Waffen. Anfechtungen haben ihn häufig heimgesucht und nicht am Seltensten die, daß er eine Lehre zu Tag gefördert habe, von welcher die katholische Kirche seit langen Zeiten nichts mehr gewußt hatte und in seiner Zeit auch nicht eine Jota wollte annehmen. Mit leichtem Herzen wandelte Luther nicht auf der reformatorischen Bahn: er war ein zu treuer Sohn der Kirche, welche ihn ausstieß. „Wenn mich der Teufel müßig findet," berichtet er [3]), „und ich an Gottes Wort nicht gedenke, so macht er mir ein Gewissen, gleich, als hätte ich nicht recht gelehrt und die Regimente zerstört und zerrissen und gemacht, daß so viel Aergerniß und Aufruhr durch meine Lehre gekommen sei. Wo ich aber Gottes Wort ergreife, so habe

1) Porta, Pastorale Lutheri. Ausgabe von 1842. S. 392.
2) Ericeus, sylvula. 174b.
3) Tischreden. Aurif. 12 a. Först. 1, 36.

ich gewonnen Spiel, schütze mich wider den Teufel und sage also: ich weiß und bin's gewiß aus Gottes Wort, das wird mir nicht lügen, daß diese Lehre nicht mein, sondern des Sohnes Gottes ist. Darnach wehre ich mich mit dem, daß ich gedenke, was fragt Gott nach der ganzen Welt, wenn sie auch noch so groß wäre; er hat seinen Sohn zum Könige gesetzt, will ihn die Welt nicht annehmen, so hat er ihn fest genug eingesetzt in sein Reich, daß sie ihn nicht werden umstoßen, sondern wohl bleiben lassen müssen. Wird sich aber die Welt unterstehen und ihn vom Stuhl stoßen wollen, so wird er sie auch in einen Haufen werfen, daß sie in der Asche wird liegen müssen. Denn Gott selbst sagt: diesen meinen Sohn sollt ihr hören, und Psalm 2 spricht er: so lasset euch nun weisen, ihr Könige, und lasset euch züchtigen, ihr Richter auf Erden. Dient dem Herrn mit Furcht und freuet euch mit Zittern, küsset den Sohn, daß er nicht zürne und ihr umkommet auf dem Wege, denn sein Zorn wird bald anbrennen." Gottes Wort genügte ihm vollkommen: „ich will," so bekennt er[1]), „für mich allein Gottes Wort haben und frage nach keinem Wunderzeichen, begehre auch keines Gesichts, will auch nicht einem Engel glauben, der mich anders lehret denn Gottes Wort: ich glaube allein Gottes Wort und Werken, denn Gottes Wort ist von Anfang der Welt gewiß gewesen und hat niemals gefehlet und ich erfahre es in der That, daß es also geht, wie es Gottes Wort sagt." Daß bei den Kirchenvätern ein angefochtenes Gemüth nicht viel Rath und Trost findet, erfuhr er schon in dem Kloster. Nur Gerson rühmt er unter den kirchlichen Schriftstellern, aber auch nur bedingt. „Gerson allein," sagt er[2]), „hat vor dieser Zeit von geistlichen Anfechtungen geschrieben, alle andern haben allein leibliche oder fleischliche Anfechtungen gefühlt, darum er auch allein die Gewissen trösten und aufrichten kann, denn er hat's durch Erfahrung gelernt, doch ist er soweit nicht gekommen, daß er den Gewissen hätte können Rath schaffen in Christo durch's Evangelium, allein hat er die anliegende Noth oder Anfechtung durch Linderung des Gesetzes leiblich und erträglich gemacht und gesagt: ach, es muß die Sünde und der Tod nicht so hart sein." Einen guten Rath Gerson's hat er sich aber gemerkt, nämlich den,

---

1) Tischreden. Aurif. 11 b. Först. 1, 36.
2) Das. 310 a. Först. 3, 106.

„daß man des Teufels Anfechtung und Gedanken, so er Einem eingibt, durch nichts besser meiden und vertreiben kann, denn daß man
ihn nur redlich verachte" [1]). Von tiefstem Herzen verachtet der Reformator den Satan, welcher ihn mit allerlei schweren und bösen
Gedanken anfechten will: merkt er, daß er kommen will, so reißt er
ihm, wie er das gern nennt [2]), einen starken Possen. Er fängt an seine
Laute zu schlagen und ein Lied dazu zu singen: „der schönsten und
herrlichsten Gaben Gottes eine ist die Musika," spricht er [3]), „der
ist der Satan sehr feind, damit man viele Anfechtungen und böse
Gedanken vertreibet, der Teufel erharret ihrer nicht." · Oder er
öffnet das Fenster und schaut den Vögeln unter dem Himmel zu.
Wir wissen, in welcher Bedrängniß die evangelische Kirche während
des Augsburger Reichstages sich befand und mit welchen ernsten
Todesgedanken sich Luther zu Coburg trug, hatte er sich doch schon
die Stelle ausgesucht, wo er begraben sein wollte: wie schüttelt er
aber Alles, was auf seiner Seele lastet, zum Fenster hinaus und
schöpft aus Gottes freier Natur neuen Athem und frischen Muth! Er
tröstet sich mit dem, das er sieht, und ist so getröstet, daß er seine
Freunde in Augsburg [4]) und Wittenberg in köstlichstem Humor aufrichtet.

„Gnade und Friede in Christo, liebe Herren Freunde!" so
schreibt er seinen Tischgesellen nach Haus [5]). „Ich hab' euer aller
Schreiben empfangen und, wie es allenthalben zustehet, vernommen.
Auf daß ihr wieder vernehmet, wie es hier zustehet, füge ich euch
zu wissen, daß wir, nämlich ich, Magister Veit und Cyriakus, nicht
auf den Reichstag gen Augsburg ziehen; wir sind aber sonst wohl
auf einen andern Reichstag gekommen. Es ist ein Rubet (Gebüsch)
gleich vor unsrem Fenster hinunter, wie ein kleiner Wald, da haben
die Dohlen und Krähen einen Reichstag hingelegt, da ist ein solch
Zu- und Abreiten, ein solch Geschrei Tag und Nacht ohne Aufhören,
als wären sie alle trunken, voll und toll: da leckt jung und alt
durch einander, daß mich wundert, wie Stimme und Odem so lange
währen möge. Und möchte gern wissen, ob auch solches Abels und

1) Tischreden. Aurif. 322 b. Först. 3, 142.
2) Das. 311 a. Först. 3, 109.
3) Das. 577 b. Först. 4, 563.
4) Briefe, be Wette 4, 12 ff.
5) Das. 4, 7 ff.

reisigen Zeuges auch Etliche noch bei euch wären: mich dünkt, sie seien aus aller Welt hierher versammelt. Ich hab' ihren Kaiser noch nicht gesehen, aber sonst schweben und schwänzen der Adel und große Hansen immer vor unsren Augen: nicht sehr köstlich gekleidet, sondern einfältig in einerlei Farbe, alle gleich schwarz, und alle gleich grauäugig; singen alle gleich einen Gesang, doch mit lieblichem Unterschied der Jungen und der Alten, Kleinen und Großen. Sie achten auch nicht der großen Paläste und Säle: denn ihr Saal ist gewölbt mit dem schönen, weiten Himmel, ihr Boden ist eitel Feld, getäfelt mit hübschen, grünen Zweigen, so sind die Wände so weit als der Welt Ende. Sie fragen auch nicht nach Rossen und Harnisch, sie haben gefiederte Räder, damit sie auch den Büchsen entfliehen und dem Zorn ausweichen können. Es sind große mächtige Herren: was sie aber beschließen, weiß ich noch nicht. So viel ich aber von einem Dolmetscher habe vernommen, haben sie vor einen gewaltigen Zug und Streit wider Weizen, Gerste, Hafer, Malz und allerlei Korn und Getreide, und wird mancher Ritter hier werden und große Thaten thun. Also sitzen wir hier im Reichstag, hören und sehen zu mit großer Lust und Liebe, wie die Fürsten und Herren sammt andern Ständen des Reiches so fröhlich singen und wohlleben. Aber sonderliche Freude haben wir, wenn wir sehen, wie ritterlich sie sich schwänzen, den Schnabel wischen und die Wehr stürzen, daß sie siegen und Ehre einlegen wider Korn und Malz. Wir wünschen ihnen Glück und Heil, daß sie allzumal an einen Zaunstecken ge= spießet wären. Ich halte aber, es sei nichts Anderes, denn die Sophisten und Papisten mit ihrem Predigen und Schreiben, die muß ich alle auf einem Haufen also vor mir haben, auf daß ich höre ihre lieblichen Stimmen und Predigten, und sehe, wie sehr nütz= lich Volk es ist, Alles zu verzehren, was auf Erden, und dafür lecken für die lange Weile. Heut haben wir die erste Nachtigall gehört, denn sie hat dem April nicht wollen trauen. Es ist bisher eitel köstlich Wetter gewesen, hat noch nie geregnet, ohne gestern ein wenig. Bei euch wird's vielleicht anders sein. Hiemit Gott be= fohlen und haltet wohl Haus. Aus dem Reichstag der Malztürken. Den 28. April Anno 1530. Martinus Luther, D."

Aber nicht immer half schon ein Blick aus dem Fenster, da mußte auf eine andre Weise dem Teufel, der da traurig und verzagt machen will, ein Possen gespielt werden. „Es war," erfahren wir aus den Tischreden[1]), „auf eine Zeit Dr. Martin Luther unlustig und ungeschickt, darum man ihn auf einem Wagen spazieren fuhr durch Gehölze und über Wiesen, als nun diejenigen, die mit ihm fuhren, geistliche Lieder sangen und fröhlich waren, sprach er: unser Singen verdrießt den Teufel und thut ihm wehe. Aber wenn er siehet, daß wir ungeduldig sind, und höret uns au weh schreien, da lacht er dazu in die Fäuste, denn er hat Lust, uns zu plagen, sonderlich wenn wir Christum predigen und bekennen. Und weil er ist ein Fürst der Welt und unser abgesagter Feind und wir müssen ihm durch sein Land passiren und reisen, so will er wahrlich auch den Zoll von uns haben, darum plaget er uns so am Leibe mit mancherlei Krankheit und Anfechtungen.“

Allein mit alle dem kann man sich den Teufel nicht immer vom Leibe halten, er bringt durch und fängt an zu disputiren; da gilt es erst recht, dem bösen Feinde einen starken Possen zu reißen. „Wenn der Teufel des Nachts an mich kommt,“ sagt Luther in den Tischreden[2]), „mich zu plagen, gebe ich ihm diese Antwort: Teufel, ich muß jetzt schlafen, denn das ist Gottes Befehl und Ordnung, des Tags arbeiten und des Nachts schlafen. — Wenn er nun weiter anhält, bringt fort und klagt mich an als einen Sünder, so verachte ich ihn und spreche: heiliger Satan, bitte für mich! Lieber Teufel, bitte für mich, denn du hast nie übel gehandelt, bist allein heilig, gehe hin zu Gott und erwirb dir selbst Gnade, und so du mich willst fromm machen, so sage ich dir: Arzt, hilf dir selbst.“

Wider alle Versuchungen und Anfechtungen ist das Gebet das beste Mittel: aber Luther, dieser große Beter, hat es mehr wie ein Mal zu seinem Schmerze erfahren, daß der Geist des Gebetes auch dem Gläubigen entschwindet. Er verstand es aber, den Geist des Gebetes wieder zu wecken und zur hellen Gluth anzufachen. „Ich bin bisweilen so kalt und unlustig,“ gesteht er[3]), „daß ich nicht kann beten, da stopf ich meine Ohren zu und spreche: ich weiß, Gott ist nicht weit von mir, darum muß ich schreien und ihn anrufen, setze mir dagegen die Undankbarkeit und das gottlose Wesen der Widersacher, des Papstes mit seinen Geschwüren und Gewürm u. s. w.,

---

1) Aurif. 493 b. Först. 4, 252.
2) Aurif. 313 b. Först. 3, 116.
3) Tischreden. Aurif. 315 a. Först. 3, 120.

also daß ich erwarme und vor Zorn und Haß brenne und darnach sage: o Herr, geheiliget werde dein Name, zukomme dein Reich, dein Wille geschehe. Also erwarmt mein Gebet und wird hitzig." Durch das Gebet überwand er alle Leiden dieser Zeit und die Schrecken des Todes: betend gelangte er zur Ergebung in Gottes Willen, zu dem seligen Frieden des Gottvertrauens. Als ihn 1527 jene geist- liche Anfechtung und leibliche Schwachheit anwandelte, von welcher er sich nur sehr langsam wieder erholte, betete er, wie Jonas be- richtet [1]), als er aus der Ohnmacht wieder zu sich gekommen war: „mein allerliebster Gott, wenn du es so willst haben, daß dieß die Stunde sei, die du mir versehen hast, so geschehe dein gnädiger Wille! Weiter betete er mit großer Inbrunst seines Herzens das Vater-Unser und den sechsten Psalm gar aus. Als er endlich zu Bette gebracht war, fing er gleich wieder an zu beten und sprach: Herr, mein allerliebster Gott, ach wie gerne hätte ich mein Blut vergossen um deines Wortes willen, das weißt du, aber ich bin's vielleicht nicht werth, dein Wille geschehe! Willst du es so haben, so will ich gerne sterben, allein daß dein heiliger Name gelobt und gepriesen werde, es sei durch mein Leben oder Tod; wenn's aber, lieber Gott, möglich wäre, möchte ich noch gerne leben um deiner Gottseligen oder Auserwählten willen. Ist aber das Stünblein ge- kommen, so mache es, wie es dir gefällt, du bist ein Herr über Leben und Tod! Mein allerliebster Gott, du hast mich ja in die Sache geführt, du weißt es, daß es dein Wort und die Wahrheit ist, hebe nicht empor, noch erfreue deine Feinde, auf daß sie nicht rühmen: wo ist nun ihr Gott? sondern verkläre deinen heiligen Namen zuwider und zum Verdruß den Feinden deines seligen, heil- samen Wortes! Mein allerliebster Herr Jesu Christ, du hast mir gnädiglich verliehen die Erkenntniß deines heiligem Namens, du weißt, daß ich an dich sammt Vater und heiligen Geist, einigen, wahren Gott glaube und mich tröste, daß du unser Mittler und Heiland bist, der du dein theures Blut für uns Sünder vergossen hast, stehe mir in dieser Stunde bei und tröste mich mit deinem heiligen Geiste!" Der Gott der Gnade tröstete ihn auf sein Gebet damals so reichlich, daß er getrost von Weib und Kind Abschied nehmen konnte. „Meine allerliebste Käthe," sprach er [2]), „ich bitte

----

1) Luther's Werke. Jena 3, 404a.
2) Ebenda 404 b.

dich, will mich unser Gott auf dieß Mal zu sich nehmen, daß du dich in seinen gnädigen Willen ergebest; du bist mein ehelich Weib, dafür sollst du es gewißlich halten und gar keinen Zweifel daran haben. Laß die blinde, gottlose Welt dawider sagen, was sie will; richte du dich nach Gottes Wort und halte fest daran, so hast du einen gewissen, beständigen Trost wider den Teufel und alle seine Lästermäuler." Bald fing er wieder an zu beten [1]): „o mein lieber Herr Jesu Christe, der du gesprochen hast: bittet, so wird euch gegeben; suchet, so werdet ihr finden; klopfet an, so wird euch aufgethan, laut dieser deiner Verheißung gib mir, Herr, der ich bitte, nicht Gold noch Silber, sondern einen starken, festen Glauben; laß mich finden, der ich suche, nicht Lust oder Freude der Welt, sondern Trost und Erquickung durch dein selig, heilsam Wort; thue mir auf, der ich anklopfe, nichts begehre ich, das die Welt groß und hoch achtet, denn ich bin sein vor dir nicht ein Haar breit gebessert; sondern deinen heiligen Geist gib mir, der mein Herz erleuchte, mich in meiner Angst und Noth stärke und tröste, im rechten Glauben und Vertrauen auf deine Gnade erhalte bis an mein Ende! Amen." Darauf frug er nach seinem Söhnchen: wo ist denn mein allerliebstes Hänschen? Da das Kind gebracht ward, lachte es den Vater an. Dem brach darüber nicht das Herz, sondern voll williger Ergebung mit freudigstem Gottvertrauen sprach er: „o du gutes, armes Kindlein, nun ich befehle meine allerliebste Käthe und dich armes Waislein meinem lieben, frommen Gott: ihr habt nichts, Gott aber, der ein Vater der Waisen und ein Richter der Wittwen ist, wird euch wohl ernähren und versorgen." Der Herr erhörte damals das Gebet seines Knechtes und seiner Freunde und ließ ihn genesen. Als es in Eisleben wirklich zum Sterben kam und er den kalten Todesschweiß auf seiner Stirne spürte, befahl er betend seinen Geist in Gottes Hände [2]). „O mein himmlischer Vater, ein Gott und Vater unseres Herrn Jesu Christi, du Gott alles Trostes, ich danke dir, daß du mir deinen lieben Sohn Jesum Christum offenbart hast, an den ich glaube, den ich gepredigt und bekannt habe, den ich geliebt und gelobt habe, welchen der leidige Papst und alle Gottlosen schänden, verfolgen und lästern. Ich bitte dich, mein Herr Jesu Christe, laß dir meine Seele befohlen sein! O himmlischer Vater,

---

1) Luther's Werke. Jena 3, 405 a.
2) Ebenda 8, 385 b.

ob ich schon diesen Leib lassen und aus diesem Leben hinweggerissen werden muß, so weiß ich doch gewiß, daß ich bei dir ewig bleibe und aus deinen Händen mich Niemand reißen kann." In gesunden Tagen hatte der Reformator das herrliche Symeonslied gedichtet:

Mit Frieb und Freud' ich fahr' dahin
In Gottes Wille,
Getroft ist mir mein Herz und Sinn,
Sanft und stille:
Wie Gott mir verheißen hat,
Der Tod ist mein Schlaf worden.

Unabläffig, treu hatte er bis an's Ende für seine eigne Seele gesorgt und so ließ ihn der Herr, sein Gott, als seine Stunde gekommen war, in Frieden dahinfahren.

2. Wie Luther der Kranken wartete.

Ein Mann, welcher selbst durch schwere Krankheiten und Anfechtungen hindurchgegangen ist und in dieser Leidensschule den Trost des Gotteswortes und die Kraft des Gebetes an dem eigenen Herzen erfahren hat, besitzt Alles, was zu dem Warten der Kranken in erster Linie nothwendig ist, und es fragt sich nur, ob er auch bereit ist, das zu thun, wozu Gottes Gnade ihn ausgerüstet hat. An dieser Bereitwilligkeit hat es dem Reformator nie gefehlt; er erkannte voll und tief die Pflicht des Christenmenschen, den Brüdern zu dienen, aller Menschen Knecht zu sein in der Kraft der Liebe. Was er in dem goldnen Büchlein „Von der Freiheit der Christenmenschen" in großen Zügen gleich im Anfange der Reformation ausgeführt hatte, das hat er Jahr aus Jahr ein durch seinen Verkehr mit dem Nächsten praktisch erläutert und in Zeiten der Noth eingehender entwickelt und kräftig an das Herz gelegt. Als 1527 die Pest nicht bloß in Wittenberg ausbrach, sondern ganz Deutschland wüthend durchzog, flohen Alle, die nur fliehen konnten, aus den angesteckten Orten, ohne an ihren armen Nächsten zu denken. Luther griff da zur Feder und beantwortete, von dem trefflichen Breslauer Pfarrer Dr. Johann Heß ersucht, die Frage: „ob man vor dem Sterben fliehen möge". Er verneint im Großen und Allgemeinen die Frage, nur der kann in Gottes Namen fliehen, der ganz frei und ungebunden dasteht, der keinerlei bestimmte Pflichten an dem Nächsten zu erfüllen hat und überzeugt ist, daß von Anderen die allgemeine Nächstenpflicht an den Kranken und Verstorbenen geübt wird. „Denn auf die Weise," schreibt er [1]), „müssen wir und sind schuldig mit unsren Nächsten auch in allen Nöthen und Fahr zu handeln. Brennt sein Haus, so heißt mich die Liebe zulaufen und helfen löschen; ist sonst Volk genug da, das löschen kann, mag ich heimgehen oder da bleiben. Fällt er in ein Wasser oder eine Grube, so muß ich nicht davon, sondern hinzu laufen, wie ich kann, und ihm helfen; sind Andre da, die es thun, so bin ich frei. Sehe ich, daß er hungert oder dürstet, so muß ich ihn nicht lassen, sondern speisen und tränken, und nicht ansehen die Fahr, ob ich arm oder geringer dadurch werde, denn wer dem Andern nicht ehe will helfen und beistehen, er möge es denn thun ohne Fahr und Schaden seines Gutes oder Leibes, der wird nimmer seinem Nächsten helfen, denn es wird alle Zeit sich ansehen, als sei es ihm selbst ein Abbruch, Fahr, Schaden oder Versäumniß. Kann doch kein Nachbar bei dem andern wohnen ohne Gefahr Leibes, Gutes, Weibes und Kindes, denn er muß mit ihm wagen, daß ein Feuer oder ein andrer Unfall aus seines Nachbarn Haus komme und verderbe ihn mit Leib, Gut, Weib und Kind und Allem, was er hat. Denn wo Einer dem Andern solches nicht thäte, sondern ließe seinen Nächsten so liegen in Leibes Nöthen und flöhe von ihm, der ist vor Gott ein Mörder, wie St. Johannes sagt in seiner Epistel; wer seinen Bruder nicht liebt, der ist ein Mörder, und abermal: so Jemand dieser Welt Güter hat und siehet seinen Nächsten Noth leiden, wie bleibt die Liebe Gottes in ihm? Denn das ist auch der Sünden eine, die Gott der Stadt Sodoma zurechnet, da er spricht durch den Propheten Ezechiel: siehe, das war die Sünde deiner Schwester Sodoma, Müßiggang, Fülle und Genüge, und reichten dem Armen die Hand nicht. So wird auch Christus am jüngsten Tage sie verdammen als Mörder, da er sprechen wird: ich war krank und ihr besuchtet mich nicht. So aber die sollen geurtheilt werden, die zu den Armen und Kranken nicht gehen und Hülfe anbieten, wie will's denen gehen, die den Armen noch dazu nehmen, was sie haben und legen ihnen alle Plage an?" Den Reformator hätte kein Vorwurf treffen können, wenn er mit der Universität aus Wittenberg nach

---

1) Werke. Jena 3, 394 a. Vgl. Briefe, de Wette 1, 347.

Jena ausgewandert wäre. Er bekleidete ja kein Amt an der Gemeinde, sondern war nur Glied, und zwar das Hauptglied des akademischen Körpers. Die Universität bat ihn, sich ihr anzuschließen: der Landesherr, der Churfürst Johann, drang in einem besonderen Schreiben am 10. August [1]) in ihn, mit Weib und Kind nach Jena überzusiedeln, man könne ihn dort bei der Universität gar nicht entbehren um beßwillen, was täglich des göttlichen Wortes und der Sakramente halber vorfalle. Aber er blieb unerbittlich und erachtete es für seine heilige Pflicht, in Wittenberg zu verbleiben und Bugenhagen in der schwer heimgesuchten Gemeinde zu helfen, was um so höher noch anzuschlagen ist, als die ersten Pestfälle — 18 an der Zahl — sammt und sonders in seiner Nachbarschaft am Elsterthore vorkamen [2]). Was that Luther nun in dieser Pestzeit? Er sagt uns das selbst in der angezogenen Schrift: „ob man vor dem Sterben fliehen möge" [3]). „So sehe ich es für gut an, einen kurzen Unterricht daneben zu stellen, wie man sich auch der Seelen halben schicken und halten soll in solchen Sterbensläuften, wie wir denn denselbigen auch mündlich auf der Kanzel gethan und täglich thun, damit wir auch unserm Amt genug thun, die wir zu Seelsorgern berufen sind. Erstlich soll man das Volk vermahnen, daß sie zur Kirche in die Predigt gehen und hören, daß sie lernen Gottes Wort, wie sie leben und sterben sollen. Denn da soll man Acht auf haben, daß welche so roh und ruchlos sind, daß sie Gottes Wort verachten, weil sie leben, die soll man auch wiederum lassen liegen in ihrer Krankheit, es sei denn, daß sie mit großem Ernst, mit Weinen und Klagen ihre Reue und Buße beweisen. Denn wer wie ein Heide oder Hund will leben und deß keine öffentliche Reue hat, dem wollen wir auch das Sakrament nicht reichen noch unter der Christen Zahl annehmen, er mag sterben, wie er gelebt hat, und sehe sich vor, denn wir sollen den Säuen nicht Perlen vorwerfen noch den Hunden das Heiligthum. — Zum Andern, daß ein Jeglicher sich selbst zeitlich schicke und zum Sterben bereite mit Beichten und Sakramentnehmen, alle 8 Tage oder 14 Tage ein Mal, versöhne sich mit seinem Nächsten und mache sein Testament, auf daß, ob der Herr anklopfet, und er übereilet würde, ehe denn der Pfarrherr oder Kaplan dazu

---

1) Burckhardt, Luther's Briefwechsel S. 119.
2) Briefe, de Wette 3, 191.
3) Werke. Jena 3, 397 b.

kommen könnte, er gleichwohl seine Seele versorget und nicht versäumet, sondern Gotte befohlen habe. — Zum Dritten, wenn man aber ja den Kaplan oder Seelsorger begehrt, daß man sie fordere oder lasse die Kranken ansagen bei Zeit und im Anfang, ehe die Krankheit überhand nimmt und noch Sinn und Vernunft da ist." Dieser Unterricht auf der Kanzel genügte natürlich dem Gottesmanne nicht: er ging, als die Pest sich damals zum ersten Male und 1535 und 39 wieder einstellte und ihre Opfer forderte, hinaus unter die Pestkranken auf die Straßen und in die Häuser. Er nahm sich ihrer auf das Treuste an und scheute sich nicht, sie anzurühren, sie, wenn sie im Sterben lagen, in seine Arme zu nehmen, daß es leichter ginge. Ueber Tische redete Luther ein Mal [1]) von dem Tode des Dr. Sebaldus und seiner Hausfrauen, die er visitirt, besucht, angegriffen und betastet hätte in ihrer Krankheit und sagte, sie wären beide mehr vor Kümmerniß, denn an der Pestilenz gestorben. Seinem lieben Spalatin schreibt er am 19. August 1527 [2]): „Heute haben wir das Weib des Tilo Dene (dieser war Bürgermeister von Wittenberg) begraben, welche gestern fast in meinen Armen den Geist aufgab, und dieß war der erste Sterbfall mitten in der Stadt." Die vier Waisenkinder Sebalds nahm er zu sich in sein Haus, da „gaben ihm Etliche einen Stich, als versuchte er Gott. Ei, sprach er, ich hatte feine Meister, die mich lehreten, was das heiße, Gott versuchen" [3]). Nein, Luther war weit davon entfernt, Gott zu versuchen: verschmäht er es doch nicht, in dem Schriftchen: „ob man vor dem Sterben fliehen möge?" allerlei Mittel gegen Ansteckung anzuempfehlen. „Nicht also, mein Lieber," ruft er dem zu, der da sagt: will's Gott thun, so wird er die Stadt wohl ohne Wasser und Löschen behüten [4]). „Das ist nicht sein gethan, sondern brauche der Arznei, nimm zu dir, was dir helfen kann, räuchere Haus, Hof und Gassen, meide auch Person und Stätte, da dein Nächster dein nicht bedarf oder aufkommen ist, und stelle dich als Einen, der ein gemein Feuer gern wollte helfen dämpfen. Denn was ist die Pestilenz Anderes als ein Feuer, das nicht Holz und Stroh, sondern Leib

---

1) Aurif. 493b. Först. 4, 251. Sebald Münsterer starb in der Nacht vom 25. auf den 26. Oktober 1539, vgl. Briefe, de Wette 5, 218.
2) Briefe, de Wette 3, 191. Vgl. Tischreden. Aurif. 276a. Först. 2, 441.
3) Tischreden. Aurif. 493b. Först. 4, 251. Briefe, de Wette 5, 219.
4) Werke. Jena 3, 396b.

und Leben auffrißt. Und denke also: wohlan, der Feind hat uns durch Gottes Verhängniß Gift und tödtlich Geschmeiß hereingeschickt, so will ich bitten zu Gott, daß er uns gnädig sei und wehre. Darnach will ich auch räuchern, die Luft helfen fegen, Arznei geben und nehmen, meiden Stätte und Person, da man mein nicht bedarf, auf daß ich mich nicht selbst verwahrlose und dazu durch mich vielleicht viele Andere vergiften und anzünden möchte und ihnen also durch meine Nachlässigkeit Ursach des Todes sein." Luther's Haus blieb 1527 von der Pest nicht ganz verschont. Den 1. November berichtet er seinem Freunde Amsdorf [1]): „in meinem Hause fängt es an ein Hospital zu werden. Hanna, die Frau des Augustinus (Schurf, eines Arztes, den Luther bei sich aufgenommen hatte), nährte die Pest in sich, aber ist wieder aufgestanden. Margarethe Möchin (eine von Mochau, welche auch bei ihm wohnte) flößte uns durch ein verdächtiges Geschwür und andere Zeichen Furcht ein, aber sie erholt sich wieder. Sehr sorge ich mich um meine Käthe, welche ihrer Stunde nahe ist, denn auch mein Söhnchen ist seit drei Tagen krank, ißt nichts und befindet sich schlecht; man sagt, es komme vom Zahnen." Aber Gott hielt seine Hand über ihn und die Seinen. Was er den 19. August an Spalatin geschrieben hatte [2]): „so sind Pommer und ich allein mit den Kaplänen hier, Christus aber ist da, auf daß wir nicht allein sind, welcher auch in uns triumphiren wird über jene alte Schlange, den Menschenmörder und Vater der Sünde, wie sehr sie ihn auch in die Ferse steche," das war wirklich der Fall. „So haben wir," heißt es in dem Briefe an Amsdorf, „nach Außen Kampf, im Innern Schrecken, und zwar recht scharfe, Christus sucht uns heim. Der einzige Trost, den wir dem wüthenden Satan entgegenstellen, ist dieser, daß wir Gottes Wort wenigstens haben, um die Seelen der Gläubigen zu retten, wenn jener auch die Leiber verschlingt."

Der Reformator nahm sich aber nicht bloß in solchen ganz besonders schweren Zeiten der Kranken an mit leiblicher und geistlicher Handreichung: er hatte für die Kranken alle Zeit ein Herz und diente ihnen sein Leben lang mit Freuden. Er hielt die Be-

1) Briefe, de Wette 3, 217.
2) Das. 3, 192.
3) Das. 3, 217.

suche der Seelsorger bei den Kranken für ebenso erwünscht und noth=
wendig als die Besuche der Aerzte, denn ihm stand fest, daß sehr
viele leibliche Krankheiten aus einer kranken Seelenstimmung her=
rühren. Da ihm ein Mal eines großen Mannes Schwachheit an=
gezeigt wurde, sprach er [1]): „Das ist eine Frucht der Traurigkeit,
die ist eine Ursache, denn wenn das Herz bekümmert und traurig
ist, da folget auch des Leibes Schwachheit. Des Herzens Krankheiten
sind die rechten Krankheiten, als da sind Traurigkeit, Anfechtungen ꝛc.
Ich bin ein rechter Lazarus, in der Krankheit wohl versucht.“ Und
daß man mit Medikamenten keinen andern Seelenzustand beschaffen
kann, sondern Gottes Wort da das einzige Hülfs= und Heilmittel
sei, wußte er ebenfalls sehr gut. „Die Aerzte,“ sagt er ein Mal
über Tische [2]), „betrachten in den Krankheiten nur die causas na=
turales, aus was natürlichen Ursachen und woher eine Krankheit
komme, und wollen derselbigen mit ihrer Arzenei helfen und thun
recht daran, aber sie sehen nicht, daß der Teufel oft Einem eine
Krankheit an den Hals wirft, da man keine causas naturales hat.
Darum muß eine höhere Arzenei da sein, soll man des Teufels
Seuchen wehren, nämlich der Glaube und das Gebet, daß man
geistliche Arzenei aus Gottes Wort suche. Da ist denn der 31. Psalm
gut dazu, da David spricht: meine Zeit stehet in deinen
Händen. Diese Stelle habe ich jetzt in meiner Krankheit gelernt
und will sie im Psalter verbessern, denn in der ersten Uebersetzung
habe ich sie allein gezogen auf die Todesstunde; es soll aber heißen:
meine Zeit stehet in deinen Händen — mein ganzes Leben, alle
meine Tage, alle Stunden und Augenblicke meines Lebens; meine
Gesundheit, mein Glück, Leben und Unfall, Krankheit, Sterben,
Traurigkeit, das stehet Alles in deiner Hand.“ Einer seiner Tisch=
genossen beschreibt uns das Verfahren, welches Luther bei seinen
Krankenbesuchen beobachtete, also [3]): „Wenn Dr. Martin Luther
irgend zu einem Kranken kam, den er in seiner Leibesschwachheit
besuchte, so redete er ganz freundlich mit ihm, neigte sich auch hart
zu ihm und fragte erstlich von seiner Krankheit, was ihm fehlete
und wie lange er wäre schwach gewesen, was er für einen Arzt ge=

---

1) Tischreden. Aurif. 492 a. Först. 4, 246.
2) Das. 494 a. Först. 4, 253.
3) Das. 494 a. Först. 4, 254.

braucht und was man ihm für Arznei gegeben hätte. Darnach fing er an zu reden, ob er in dieser Leibesschwachheit auch wäre geduldig gegen Gott gewesen. Wenn er nun erfahren, wie sich der Kranke in seiner Leibesschwachheit gehalten und wie er gegen Gott gesinnt, daß er seine Krankheit geduldig tragen und leiden wolle, dieweil Gott sie ihm aus gnädigem und väterlichem Willen hätte zugeschickt, und daß er diese Heimsuchung mit seinen Sünden wohl verdient hätte, und er bereit wäre, williglich zu sterben, wenn es Gott also gefiele: darauf hat er angefangen, hoch zu loben solchen christlichen Vorsatz und Willen als ein Werk des h. Geistes, der solches in ihm wirke, und hat gerühmt, daß es eine große Wohlthat Gottes sei, wenn Einer in diesem Leben Gottes wahrhaftige Erkenntniß erlanget und an Jesum Christum, unsern einigen Heiland, glaubet, und seinen Willen in Gottes Willen ergeben könne. Hat ihn dann vermahnt, in solchem Glauben durch Hülfe des h. Geistes beständig zu verharren, und hat sich erboten, für den Kranken fleißig zu Gott zu bitten. Haben darauf die Kranken nun ihm gedankt und angezeigt, sie könnten um ihn nicht verdienen, daß er sie besucht hätte, da hat der Doktor gepflegt zu antworten, es sei solches sein Amt und seine Pflicht und sei ohne Noth, daß sie ihm dafür dankten, und hat sie getröstet, daß sie sich wohl gehaben sollten und nichts fürchten, denn Gott wäre ihr gnädiger Gott und Vater, deß hätte er ihnen zur Versicherung gute Briefe und Siegel gegeben, als sein Wort und die Sakramente, und auf daß wir arme Sünder von dem Teufel und der Hölle erlöst würden, so hat sich der Sohn Gottes selbst für uns williglich in den Tod gegeben und uns mit Gott versöhnt."

Wir sind im Stande, noch an mehrere einzelne Krankenbetten Luther zu folgen und thun das mit Freuden, weil so seine ganze Art und Weise erst recht klar und anschaulich wird. Die verwittwete Felicitas von Selmenitz, welche nach Wittenberg um seinetwillen gezogen war und dort krank lag, tröstete er also[1]): „es ist viel zu lange geharret, wenn wir erst jetzt in der letzten Noth wollen Christum erkennen lernen. Er ist zu uns gekommen in der Taufe und bei uns gewesen und hat uns schön eine Brücke gemacht, daß wir auf ihr von diesem Leben durch den Tod gehen in jenes Leben,

---

1) Tischreden. Aurif. 331 a. Först. 3, 169.

2*

das sollt ihr gewißlich glauben." „Zu Torgau besuchte er," lesen wir in den Tischreden [1]), „einen Kanzleischreiber, der ein frommer, fleißiger Mensch war und lag krank an der Wassersucht, tröstete ihn, daß er unbekümmert wolle sein um diese seine Krankheit, nicht sich mit Traurigkeit dazu noch selber plagen, sondern sollte sich halten nach der Aerzte Regel, daß durch Kümmerniß und Herzeleid nicht verhindert würde Gottes Segen, denn wie man sagt: guter Muth ist halber Leib, wenn's Herz fröhlich ist, so hat es mit dem Leibe nicht noth, und daß er sich wollte halten nach dem Rathe St. Petri und seine Seele dem treuen Schöpfer befehlen. Wir sollen gerne sterben, sagte er, denn wir haben uns genug gelebt, allein daß wir noch eine Weile um der Andern willen müssen leben." „Doktor Martin Luther," erfahren wir aus den Tischreden [2]), „besuchte ein Weib und tröstete sie, welche ein großes Sehnen und Verlangen nach ihm gehabt, sie hatte aber eine schwere Krankheit an sich gehabt und gräuliche Paroxysmen ausgestanden, denen kein Medikus rathen noch helfen konnte, denn es ist ein lauter Teufelswerk und unnatürlich Ding und war von Schrecken und Teufels Gespenst hergekommen, dieweil der Teufel in Gestalt eines Kalbes sie gedrückt hatte, daß sie gar in Ohnmacht gefallen. Darum kam sie hernach über etliche Tage groß Schrecken und Zittern an, daß sie darüber vier Paroxysmen hatte, deren ein jeder währte 3 oder 4 Stunden, darüber sie gar zu Boden fiel und gar dahin starb, daß man sie wieder erwecken, laben und kühlen mußte, und ward darüber also sehr krank, daß sie kaum Athem haben konnte. Darüber schlug sie ihre Hände in einander, sah mit den Augen gen Himmel und seufzte. Ihre Hände und Füße wurden durch den Krampf also krumm, gleich als wenn's Hörner wären, und dazu ganz kalt, die Zunge dürre und trocken. Auch ward ihr Leib von der Krankheit gar in die Höhe gehoben und wieder niedergestürzt. Als sie nun also sehr krank war, hob sie ihre Augen auf, die gleich wie sie schlaftrunken waren, und sprach: ach, wie schwer hab' ich getragen, nehmet den großen Stein von mir. Und wie sie also redete, sieht sie Dr. Martin Luther vor dem Bette stehen, da ward sie sehr fröhlich, richtete sich auf und empfing ihn und sprach: ach, mein lieber Vater in Christo,

---

1) Aurif. 325 b. Först. 3, 152.
2) Das. 322 b. f. Först. 3, 142 f.

bittet Gott für mich, und fiel wieder in's Bett und sprach: ich bin noch ganz schlaftrunken. Da sprach Dr. Martin Luther: Teufel, Gott gebiete dir, daß du diese seine göttliche Kreatur und Geschöpf zufrieden lassest, und kehrte sich zu denen, die mit ihm zu diesem kranken Weib gegangen waren, und sprach: sie wird am Leibe geplagt vom Teufel, aber die Seele ist selig und wird erhalten. Darum laßt uns Gott danken und bitten für sie. Und betete laut über sie das Vater-Unser und beschloß letztlich mit diesen Worten: Herr Gott himmlischer Vater, der du uns und die Kranken hast heißen beten, wir bitten dich durch Jesum Christum, deinen lieben Sohn, daß du diese deine Dienerin von ihrer Krankheit und von des Teufels Banden väterlich erlösen wolltest! Schone doch, lieber Gott, ihrer Seelen, die du sammt ihrem Leibe durch deines lieben Sohnes Jesu Christi Blutvergießen erworben und errettet hast von der Sünde, des Todes und des Teufels Gewalt! Darauf sagte das kranke Weib Amen und sprach zu Dr. Luther: ach, lieber Vater, bitte Gott für mich, daß ich an dem Herrn Christo bleiben möge, welchen ihr mir gar treulich geprebigt habt, der ist mein einiger Trost und Leben; ob er gleich jetzt stäupt, so thut er's darum, daß er mich bemüthige, aber nicht, daß ich durch dieß unselig werde. Aber, o lieber Herr Christe, gib Geduld und Erkenntniß meiner Sünden! Da tröstete Dr. Martin Luther sie mit Gottes Wort und sprach, sie solle diesen väterlichen Willen Gottes erkennen und ihm sich befehlen, denn unser Herr Gott pflege seine Kinderlein zu stäupen, auf daß ihr Geist selig werde. Da that das Weib ein herrlich Bekenntniß ihres Glaubens und eine schöne Danksagung und sprach: ich bin stolz und hoffärtig gewesen, habe mich auf den Schmuck mehr, denn auf Gottes Wort beflissen, es ging mir die Prebigt zu einem Ohre ein und zum andern wieder aus. Aber jetzt bin ich in der rechten Schule, da mir Gott prebigt, darum hilf, lieber Herr Gott, um deines Sohnes willen! Dergleichen viele herrliche Worte redete sie mehr und sprach, wenn sie im Paroxysmus liege, so fühle sie nichts, sie höre auch nichts, sondern ruhe nur als in einem tiefen Schlafe und als trüge sie eine schwere Last, und wenn sie wieder zu ihr selbst käme, so wäre sie in allen Gliedern sehr müde. Und als sie denselbigen Tag Dr. Martin Luther besucht hatte, da hatte sie die folgende Nacht guten Frieden gehabt. Aber darnach war die Schwachheit wieder gekommen, ist aber zuletzt davon gnädiglich erlöst worden!"

Wie trefflich der Reformator der Kranken zu warten verstehe, war weit und breit bekannt, darum ward er fort und fort von Kranken angegangen, wenn er sie auch nicht leiblich besuchen könne, sie doch wenigstens mit einem Schreiben in ihrer Krankheit zu besuchen. Aus solchen Briefen hebe ich drei heraus.

An seinen alten Freund den Mansfelder Rath Johann Rühel schreibt er [1]): „Gnade und Friede in Christo, so ist Leben und Trost auch da. Mein lieber Herr Doktor, freundlicher, lieber Gevatter und Schwager! Mir ist wahrlich eure Schwachheit von Herzen leid und viel leider, daß ich aus eures Just's Schrift vermerkt, daß ihr euch solcher Schwachheit so hart annehmt. Seid ihr doch des Mannes sammt uns Freund, Glied, Bekenner, welcher zu uns allen durch Skt. Paulus spricht (2 Kor. 12, 9): meine Kraft ist in dem Schwachen stark. Es soll euch ja viel fröhlicher machen, daß ihr von solchem Manne berufen seid, dazu begnadet mit Erkenntniß, Lust und Liebe zu seinem Wort, darauf mit seiner Taufe und dem Sakrament versiegelt. Was soll er mehr thun, der euch inwendig solches Herz gegen ihn, und auswendig solch Siegel, darnach seiner Gnaden Confession und Testimonium gegeben hat. O, lieber Doktor, sehet an, was ihr habt für Güter von ihm, und nicht, was ihr leidet: ist doch die Wage ungleich gegen einander. Dazu kann er euch, laßt ihm die Zeit, wohl gesund machen: wiewohl wir alle Stunden sein sind, wie Skt. Paulus (Röm. 14, 8) spricht: wir leben oder sterben, so sind wir des Herrn. (Domini sumus.) Ja in Wahrheit Herrn (domini) im Genitiv und Nominativ: Herrn im Genitiv, weil wir sein Haus, ja seine Glieder sind; Herrn im Nominativ, weil wir über Alles regieren durch den Glauben, welcher unser Sieg ist, Gott sei Dank, und wir zertreten den Löwen und Drachen. Summa: seid getrost, spricht er (Joh. 16, 33), ich habe die Welt überwunden. Darum seid getrost, mein Herr Doktor, und lasset die Stimmen der Brüder in's Herz hinein, durch welche Gott selbst zu euch redet, auch außer und über seinen täglichen Werken: wo ich bin, da sollt ihr auch sein! Eure Söhne werden bei mir sein wie die meinigen. Ihr seid ja nicht mein falscher Freund, das weiß ich und hab's genug erfahren, so will ich ja auch nicht falsch gegen euch und die Euren alle werden, so lang mir Gott den Odem

---

1) Briefe, de Wette 4, 545 f.

läßt! Amen. M. Philippus wird gegenwärtig mehr sagen in Kurzem, will's Gott. Grüßet mir alle die Euren. Datum am Tag Petri und Pauli (29. Juni) Anno 1534.   Dr. Martin Luther."

Dem ehrbaren und fürsichtigen Kaspar Müller [1]), zu Mansfeld Kanzler, seinem günstigen Herrn und Gevatter sendet der Reformator dieß Trostschreiben. „Gnade und Friede in Christo. Mein lieber Herr und Gevatter, Herr Kanzler, daß ich euch nenne, als billig, ob's gleich Etliche neben euch ungern haben. Ich habe eure Schrift und die Krausen empfangen, die mir wohl gefallen, und danke euch freundlich. — Es ist mir leid, daß ihr von Gott mit mehr Krankheit überladen werdet: denn ich ja fürwahr weiß, weil ihr von Gottes Gnaden der seltsamen Vögel einer seid, denen das Wort Gottes und Reich Christi mit Treuen zu meinen (lieben) von Herzen Ernst ist, daß eure Gesundheit und Vermögen nützlich und tröstlich sein kann uns allen, sonderlich bei den wunderlichen Dächern, die über dem Hirn liegen. Aber will euch denn Gott ja also krank haben, so wird sein Wille gewißlich besser sein, denn unser aller, nachdem auch seines lieben Sohnes allerbester und unschuldiger Wille gleich mußte unterworfen sein dem höheren und über alle Güte guten Willen seines lieben Vaters. Deß Wille geschehe auch in uns mit Freuden, oder doch mit Geduld. Amen. Summa: es heißt: seid getrost, ich habe die Welt überwunden. Wie sollen wir thun anders, denn den Ueberwinder der Welt, des Teufels, der Sünde, des Todes, des Fleisches, der Krankheiten, aller Uebel in unserem Leibe verklären und tragen. Es ist doch ja sein Joch sanft und seine Last süß. Aber unser Joch und Last, die er trug für uns, das war der Teufel, ja Gottes Zorn; da behüte uns Gott vor; ja er hat uns schon davon erlöst und wir tragen dafür seine liebe Last und süße Bürde. O das ist noch zu thun und der Wechsel mit Freuden anzunehmen. Es ist ein guter Kaufmann und gnädiger Händler, der uns Leben um Tod, Gerechtigkeit um Sünde verkauft, und dafür eine Krankheit oder zwei, einen Augenblick lang, zum Zins auflegt, zum Zeugniß, daß er wohlfeiler gibt und freundlicher borgt, denn die Fugger nnd Händler auf Erden thun. Wohlan, der Herr Jesus Christus heißt der Mann und der rechte Mann, welcher in uns streitet, in uns siegt, in uns triumphirt. Er soll und muß

---

[1]) Briefe, de Wette 4, 563 ff.

doch sein und wir mit ihm und in ihm. Da wird nichts Anderes draus, laß zürnen die Pforten der Hölle. Darum weil ihr ja Trostschrift von mir begehret, so ist dieß mein Trost in Christo, daß ihr wollet fröhlich dankbar sein dem Vater aller Gnaden, der euch zu seinem Licht und seines Sohnes Bekenntniß berufen hat und zum Wenigsten die Gnade ja reichlich gegeben, daß ihr doch den Feinden seines Sohnes nicht hold seid, d. i. ihrem Vornehmen, es wäre denn, daß euch Cochleus, Vicelius, Albert zu Halle besser oder gleich so wohl gefiele, als Skt. Paulus oder Isaak, das ich ja nicht hoffe. Was ist denn, daß euch Gott auf's Bett legt und krank sein heißt, der euch so reichlich begnadet und euch aus solcher Teufelsfinsterniß und Höllenrotten ausgesondert und erwählet hat? Dankt und gebet die Zinse redlich und bezahlet eure Gelübde, wie der 116. Psalm (B. 10) sagt: ich glaube, darum gehet mir's auch so übel: aber wie kann ich bezahlen, was mir Gott gethan hat? Wohlan, ich will den fröhlichen Kelch trinken und meines Herrn Namen loben und danken, d. i. ich will das Unglück und Leiden in Freuden tragen und Halleluja drein singen. Das thue und du wirst leben. Christus, unser Herr, der in euch angefangen hat sein Werk, der wird's hinausführen seliglich, und mit uns allen, ob wir wohl arme Sünder sind: doch kennt er selbst unsre Schwachheit und sein Geist vertritt uns. Demselben befehle ich euch hiermit ernstlich. Sehet da, hab' ich nicht den Kranken fürbaß genug heimgesucht? Mein Herr Käthe grüßet euch und wünscht euch bald gesund und bei uns. Wittenberg, Dienstag Vigiliae Catharinae (24. Nov.) anno 1534. Martinus Luther, D."

An Friedrich Mykonius, Superintendenten zu Gotha, der an der Schwindsucht tödtlich darniederlag, richtete er folgenden heroischen Brief [1]): „Gnade und Friede! Ich habe dein Schreiben, lieber Friedrich, empfangen, darin du mir anzeigst, daß du zum Tode, oder wie du richtig und christlich deutest, zum Leben krank liegst. Wiewohl mir's nun eine sonderliche Freude ist, daß du so unerschrocken gegen den Tod bist, oder jenen allen Frommen gemeinsamen Schlaf, ja so verlänglich abzuscheiden und bei Christo zu sein, wie wir nicht allein auf dem Siechbette, sondern auch in der frischesten Lebenskraft gesinnt sein müssen zu jeder Zeit, an jedem Ort, in jedem

---

1) Briefe, de Wette 5, 326 f.

Falle, wie es uns Christen geziemt, die schon mit auferweckt, mit lebendig gemacht, mit Christus in das himmlische Wesen versetzt, auch Richter der Engel sind, also daß nichts übrig bleibt, als daß der Vorhang und das dunkle Wort entfernt werde — wiewohl, sage ich, mir dieses bei dir zu besonderer Freude gereichte: doch bitte ich und flehe zu dem Herrn Jesus, unsrem Leben, unsrem Heile und unsrer Gesundheit, er wolle nicht zugeben, daß noch dieses Uebel mir widerfahre, zu erleben und zu sehen, daß du und Etliche der Unsern durchbrechen und einbrechen sollten durch den Vorhang zu der Ruhe und ihr mich draußen zurückließet unter den Teufeln, um nach euch noch länger geplagt zu werden, der ich doch genug so viele Jahre lang geplagt worden bin und es wohl werth wäre und verdient hätte, euch vorauszugehen. Also bitte ich, daß an deiner Statt der Herr mich krank werden lasse und befehle, diese meine Hülle abzulegen, die nichts mehr nütze ist, ausgebient hat und erschöpft ist. Ich sehe es hinlänglich ein, daß ich zu nichts mehr nütze bin. Daher bitte ich dich auch, mit uns den Herrn zu bitten, daß er dich länger erhalten wolle zum Dienste seiner Kirche und zum Spott des Satans. Denn du siehst es ja, er, unser Leben, sieht es auch, was für Gaben und was für Personen seiner Kirche nothwendig sind. — Lebe wohl, mein Friedrich, und der Herr lasse mich ja nicht hören, so lange ich lebe, deinen Heimgang, sondern er schaffe, daß du mich überlebest. Dieses bitte ich, dieß will ich und mein Wille geschehe, Amen, denn dieser mein Wille sucht die Ehre des Namens Gottes, und nicht meine Lust noch meine Ehre. Nochmals: lebe wohl. Für dich beten wir von Herzen. Meine Käthe grüßt dich und die Andern alle, die durch deine Krankheit gewaltig bewegt sind. Sonntag nach Epiphania 1541.

Dein Martin Luther [1])."

Wir verstehen, warum Johann Friedrich, als Melanthon in Weimar 1540 im Juni im Sterben lag, keinen andern Rath wußte, als Luther bei Tag und Nacht von Wittenberg herbeizuholen. „Da derselbe nun ankam," berichtet Ratzeberger [2]), „fand er leider die Sachen so beschaffen, wie er es zuvor war berichtet worden, denn

---

1) Mykonius, seit 1541 immer siech, starb wirklich erst nach Luthers Tod den 7. April 1546 und bekannte, daß dieser Brief Luthers ihm das Leben wieder gegeben habe.

2) Luther und seine Zeit, herausgegeben von Neubecker S. 103 f.

die Augen waren ihm gleich gebrochen, aller Verstand gewichen, die Sprache entfallen, das Gehör vergangen und das Angesicht und die Schläfen eingefallen und, wie Luther sagte, es war das hippokratische Angesicht. Dazu kannte er Niemand, aß und trank nichts. Als nun Luther ihn so sieht, erschrickt er über die Maßen und spricht zu seinen Gefährten: behüt Gott, wie hat mir der Teufel dieses Organon geschändet, kehrte sich alsobald zum Fenster und betete ernstlich zu Gott. Allda, sagte Lutherus, mußte mir unser Herr Gott herhalten, denn ich warf ihm den Sack vor die Thür und rieb ihm die Ohren mit allen Verheißungen, Gebete zu erhören, die ich in der h. Schrift zu erzählen wußte, daß er mich mußte erhören, wo ich anders seinen Verheißungen trauen sollte. Hierauf ergreift er Philippum bei der Hand und spricht: sei gutes Muthes, Philippe, du wirst nicht sterben. Obwohl Gott hätte Ursache zu tödten, so will er doch nicht des Sünders Tod, sondern daß er sich bekehre und lebe. Er hat Lust zum Leben und nicht zum Sterben. Hat Gott die allergrößten Sünder, so je auf Erden gekommen, als Adam und Eva zu Gnaden wieder berufen und angenommen, viel weniger will er dich, mein Philippe, verstoßen, noch in Sünden und Schwermuth verderben lassen. Darum so gib dem Trauergeist keinen Raum und werde an dir selbst kein Mörder, sondern vertraue dem Herrn, der tödten und wiederum lebendig machen kann. Denn Lutherus mußte wohl seines Herzens und Gewissens Anliegen. In solchem Ergreifen und Ansprechen fängt Philippus an, wiederum Athem zu holen, konnte aber doch lange nichts reden, bis über eine gute Weile, da wendet er sein Angesicht stracks auf Luther und fängt an, ihn um Gottes willen zu bitten, er wolle ihn nicht länger aufhalten, er sei jetzo auf einer guten Fahrt, er solle ihn lassen hinziehen, es könne ihm doch nichts Besseres widerfahren. Mit Nichten sagt Luther, Philippe, du mußt unserem Herr Gott noch weiter dienen. Also wurde Philippus je länger je mehr munterer und ließ ihm Luther eilend etwas zu essen zurichten und bracht's ihm selber. Aber Philippus weigerte sich, da nöthigte ihn Lutherus mit den Drohworten und sprach: hörst du, Philippe, kurzum, du mußt mir essen oder ich thue dich in den Bann! Mit diesen Worten wurde er überdrohet, daß er aß, doch gar wenig, und also allgemach wieder zu Kräften kam."

Die Churfürstin Elisabeth von Brandenburg, welche zu ihrem

Onkel, Johann dem Beständigen, geflüchtet war, weil ihr Gemahl sie dafür, daß sie das heilige Abendmahl unter beiderlei Gestalt im Geheimen
zu Ostern 1528 genommen hatte, wie man allgemein sagte, ein-
mauern lassen wollte [1]), und das Schloß in Lichtenburg zu ihrem
Wohnsitze angewiesen bekommen hatte, handelte nicht kindisch, als sie
1537 sich in Luther's Haus schaffen ließ, um sich dort geistlich und
leiblich pflegen zu lassen in ihrer großen Leibesschwachheit [2]). Seine
Käthe saß bei ihr auf dem Bette und beschwichtigte sie und er sorgte
getreulich für sie [3]). Sie fand dort wohl ihre Genesung [4]).

3. Wie Luther der Verlassenen sich annahm.

Die ersten Verlassenen, welcher Luther sich annehmen mußte,
das waren die, welche um des Evangeliums willen, welches er ihnen
wieder gebracht hatte, das Kloster, in welches sie hineingesteckt worden
waren, oder das Amt, welches sie in der katholischen Kirche bekleidet
hatten, in freudigem Gottvertrauen verlassen hatten. Nach Wittenberg wandten sie sich nicht bloß aus den verschiedenen Gauen Deutschlands, sondern auch aus den Niederlanden [5]), Frankreich [6]) und andern
Ländern: sie begehrten von dem Manne, dessen Wort ihr Gewissen
getroffen und ihr Herz erleuchtet hatte, nicht bloß weitere Unter-
weisung, sondern, da sie Alles um des Glaubens willen verlassen
hatten, auch Unterhalt und Obdach, überhaupt Versorgung. Der
Reformator erkannte seine Pflicht und kam ihr trotz seiner vielen
andern Geschäfte auf das Fleißigste nach. Für's Erste war er bedacht, in anständigen, passenden Häusern den Flüchtigen ein Unter-
kommen zu verschaffen, dann ermittelte er die nächsten Anverwandten
derselben und fragte an, was sie zu thun bereit wären [7]). Es konnte
nicht anders sein, als daß die Mehrzahl sich von den Entwichenen
ganz lossagte: man betrachtete ja nicht bloß vielfach die Klöster als
Versorgungsanstalten armer Familienglieder, sondern man hing selbst

1) Luther's Briefe, be Wette 3, 296.
2) Ebenda 6, 445.
3) Ebenda 6, 188.
4) Ebenda 5, 596 f.
5) Ebenda 2, 182.
6) Ebenda 2, 302. 3, 102 (zwei Guardiane auf ein Mal).
7) Ebenda 2, 319. 3, 33.

vielfach noch so zähe an der alten Kirche fest, daß man den Aus-
tritt aus jenen Gotteshäusern als einen Frevel verdammte, welcher
gen Himmel schreie. Es kam nun darauf an, die, welche von den
Ihrigen verlassen wurden, so zu stellen, daß sie selbst ihren Lebens-
unterhalt sich verdienen konnten. Die Priester, welche um des
Glaubens willen hatten fliehen müssen, konnten leicht versorgt werden,
denn in den Landen des Churfürsten von Sachsen waren die meisten
alten Pfarrer ganz untaugliche, wenn nicht gar ganz unwürdige
Leute: Luther war unermüdlich, seinem Freunde, dem vielvermögenden
Spalatin, zum Frommen der Gemeinde solche in dem Feuer der
Trübsal bewährte Bekenner zuzusenden. Und wußte er in seines
Herrn Landen keine recht geeignete Stelle für seinen Mann, so hatte
er ja in ganz Deutschland genug Verbindungen mit Fürsten und
Städten und suchte dann in der Ferne, was er in der Nähe nicht
fand. So schickte er dem Grafen Philipp von Nassau-Weilburg
1538 den Johann Beyer aus Steinach, einen geschickten Prediger,
der aus dem gottlosen Stift zu Halle entwichen war, mit Weib und
Kindlein zu [1]). Viel schwerer war es, die Zukunft der entflohenen
Mönche sicher zu stellen. Nur die Wenigsten von ihnen waren so
weit geistlich gerichtet und gebildet, daß man sie zu Predigern des
Evangeliums hätte brauchen können. Entdeckte Luther aber einen,
der sich eignete, so legte er für ihn ein gutes Wort ein, wie er sich
z. E. für den Bruder Moritz, welcher das Kloster in Altenburg verlassen hatte, von Spalatin die Pfarrei Schönewalde bei Herzberg
ausbat [2]) und seinen Ordensbruder Gabriel Zwilling dem Rath von
Altenburg zum Prediger bringend vorschlug [3]). Den Meisten mußte
der Rath ertheilt, die Wege gewiesen und die Mittel dargeboten
werden, ein ehrliches Handwerk zu lernen. Luther zeigte hier einen
scharfen Blick, ein großes praktisches Geschick. So empfahl er seinem
Freunde Hans von Dolzig Ern Heinrich, der nicht wie die andern,
die aus dem Kloster austraten, hundert Gulden empfangen hatte,
als einen guten Gärtner [4]). „Da Wittenberg von entflohenen Mönchen
wimmelte und täglich noch neue hinzukamen", wie Luther selbst

1) Briefe, be Wette 3, 344. 6, 204.
2) Ebenda 2, 361.
3) Ebenda 2, 183.
4) Ebenda 3, 164.

schreibt[1]), so mußte er seine auswärtigen Freunde zu Hülfe ziehen;
Nikolaus Hausmann, damals Pfarrer zu Zwickau, wo die Tuch-
macherei und Leinweberei blühte[2]), ging ihm getreulich zur Hand.
Ein kurzer Brief des Reformators, darin er ihm einen solchen aus-
getretenen Mönch empfiehlt, ist noch erhalten[3]). Da die Gewerbe aber
Niemanden als Lehrling aufnahmen, der nicht ehelich geboren war, und
vielfach ehemaligen Klosterleuten das Zeugniß verweigert wurde, um sie
in die verhaßten Mauern zurückzunöthigen, so sah sich Luther veranlaßt,
nach seinem besten Wissen und Gewissen zu bezeugen, daß die Auf-
nahme begehrende Person „von redlichen, untadeligen Eltern geboren
und hergekommen" sei und sich redlich und ehrbarlich gehalten habe,
daß ihn auch Niemand anders bezüchtigen kann. Er entläßt mit solch
einem Zeugniß z. B. den Gregor Morgenstern aus Dresden, einen
ehemaligen Augustiner, welcher, „nach christlicher Lehre und Wahrheit
Rath hinfürder sich aus dem fährlichen Stand in einen seligen Stand
zu begeben gedenkt, da er sich wie alle Adamskinder in seines An-
gesichts Schweiß ernähren will mit Gott und Ehren durch Hülfe
frommer Leute"[4]). Das Allerschwerste war es aber, die flüchtigen
Nonnen recht zu berathen und zu versorgen. Luther konnte selbst-
verständlich so lange, als er unverheirathet war, keine verlassene
Nonne zu sich in's Kloster aufnehmen: später hat er das oft gethan.
Eine blieb bis an ihr seliges Ende dann bei ihm, die Muhme
Lehnchen, eine Tante seiner Frau, mit vollem Namen Magdalene
von Bora, für welche er ein Stüblein mit Kammer heizbar hatte
herrichten lassen[5]). Die Herzogin Ursula von Münsterberg, welche
aus dem Kloster zu Freiberg wie durch ein Wunder entkommen war,
fand bei ihm eine Herberge der Gerechtigkeit: „in meinem Hause
hält sie sich jetzt auf," so schreibt er 1528 den 20. Oktober an
Spalatin[6]), „mit zwei Jungfrauen, die eine, Margarethe Volkmar,
ist die Tochter eines Leipziger Bürgers, die andere, Dorothea, ist die
Tochter eines freiberger Bürgers, welche 1400 Gulden von ihrem
väterlichen Erbe in's Kloster eingebracht und sie im Stich gelassen

---

1) Briefe, de Wette 2, 241.
2) Ebenda 2, 251.
3) Ebenda 2, 241.
4) Ebenda 2, 413.
5) Ebenda 6, 327.
6) Ebenda 3, 390 f.

hat und als Arme dem armen Christus nachfolgt mit der Frau Ursula: sie haben zusammen nicht einmal einen Pfennig mitgebracht." Für gar manche dieser entflohenen Nonnen fand sich wie für Muhme Lehnchen in irgend einem Hause eine angemessene Stellung als Gehülfin der Hausfrau im Haushalt und bei der Kinderzucht. Andere waren so glücklich, daß sie einen braven Mann erhielten und ihrem eignen Hauswesen vorstanden. Luther ebnete auch hier vielfach die Wege, so hatte er ja z. B. seine spätere Ehefrau anfänglich dem Hieronymus Baumgärtner, einem Nürnberger Patriciersohne[1]), und da dieser zurücktrat, dem Kaspar Glatz, Vikar der Pfarrei Orlamünde, zugedacht[2]). Wie Klosterjungfrauen ihn um seinen Rath fragten, ob und wann es erlaubt sei das Kloster zu verlassen, wie jene, denen er 1524 den 6. August antwortete[3]), so bat ihn auch manche ausgeschiedene Klosterjungfrau um seinen Rath wegen der Ehe, die sie vorhatte. Immer war er willig und ebenso umsichtig. „Gnade und Friede, ehrbare, liebe Jungfrau Hanna," schreibt er 1523 den 14. Dezember in einer solchen Angelegenheit[4]). „Eure Schrift habe ich empfangen und, wie ihr begehret, eure angefangene oder zugesagte Ehe helfen fleißiglich fördern, beide bei Herr S. v. K. und Andern, so Rath fragen würden, daß es mit Fug und Glimpf fortgehe. So weiß Gott, daß so viel an mir liegt, ich viel geringere Sachen auf's Allerwilligste Jedermann wollte fördern, so ich etwas dazu taugte. Und höre nicht ungerne, daß ihr zum Ehestand trachtet. Aber solche Sachen kann ich in Abwesenheit gar weder sonst noch so urtheilen. Denn weil es mehr als einen Menschen betrifft, hat es Gott verboten, auf eines Theiles Ansuchen zu urtheilen; denn ich hierin, gleichwie ihr selbst auch, nicht achte Adel oder Unadel. Ein Mensch ist des andern werth, wo sie nur Lust und Liebe zusammen haben, damit sie der Feind nicht betrüge. Sollet derhalben keinen Zweifel haben, daß ich, wo es dazu kommt, dabei bin, oder, darum gefragt, das Beste reden will und Fug und Glimpf allenthalben helfen fördern. Denn weil ich spüre, daß ihr Lust dazu habt, soll es meinethalben, wo sonst daran Niemandem Nachtheil geschieht, unzerrissen und unverhindert sein. Allein sehet zu, daß ihr Gottes

---

1) Briefe, de Wette 2,553.
2) Beste, Kath. von Bora S. 23.
3) Briefe, de Wette 2, 534 ff.
4) Ebenda 2, 445.

Segen auch sucht, daß nicht eitel Liebebrunst, sondern auch seiner Gnaden Gunst dabei sei; den ich euch wünsche gnädig zu sein mit eurem lieben Buhlen, Amen." Hin und wieder konnte Luther eine ehemalige Klosterjungfrau, wenn auch nicht zum Diakonissendienste in der Gemeinde, — merkwürdig ist, daß Niemand auf den Gedanken kam, die Mägde Christi, so weit als es ging, so zu verwenden, wußte man doch mit sehr vielen gar nicht wohin! — so doch zum Dienste an Mädchenschulen gebrauchen, welche ihm sehr am Herzen lagen. „Gnade und Friede in Christo Jesu," so wendet er sich[1]) 1527, Donnerstag nach Agapetus (18. August) an die Jungfrau Else von Kanitz, jetzt zu der Eiche, eine von jenen acht Nonnen, welche mit Katharina v. Bora aus dem Kloster Nimbschen bei Grimma entflohen waren[2]). „Ehrbare, tugendsame Jungfrau Else, ich habe eurer lieben Muhmen Hanna von Plausig[3]) geboten schriftlich, daß sie euch wollte zu mir schicken eine Zeit lang; denn ich gedachte, euer zu brauchen, junge Mägdlein zu lehren und durch euch solch Werk Andern zum Exempel anzufangen. Bei mir sollt ihr sein zu Hause und zu Tische, daß ihr keine Fahr noch Sorge haben sollt, so bitte ich nun, daß ihr mir solches nicht wollet abschlagen. Ich höre auch, daß euch der böse Feind mit schweren Gedanken anficht. O liebe Jungfrau, laßt euch solches nicht erschrecken, denn wer hier den Teufel leidet, der darf eben dort nicht leiden, es ist ein gutes Zeichen. Christus hat auch solches alles gelitten und viel heilige Propheten und Apostel, wie der Psalter wohl anzeigt. Darum seid getrost und leidet solche Ruthe vom Vater gern, er wird euch auch wohl davon helfen in seiner Zeit. Wann ihr kommt, so will ich euch weiter davon sagen. Hiemit Gott befohlen, Amen."

Unter die Verlassenen rechne ich weiter diejenigen, welche um ihres evangelischen Bekenntnisses willen von Menschen verlassen wurden, schweren Verfolgungen entgegen gingen oder gar schon in dem Kerker lagen. Auf's Treuste nahm sich Luther dieser Verlassenen an. Zwei Beispiele mögen das beweisen. Jene Felicitas von Selmenitz, welche von dem theuren Gottesmanne in Wittenberg in

---

1) de Wette 3, 170.
2) Ebenda 2, 319.
3) Seidemann vermuthet wohl nicht mit Unrecht, daß diese Hanna von Plausig mit der oben erwähnten Klosterjungfrau Hanna eine und dieselbe Person sei. Briefe, de Wette 6, 688.

ihrer Krankheit getröstet wurde, hatte schon viel Schweres erfahren.
Ihr Mann, Wolf von Selmenitz, vordem Besitzer der Bitzenburg an
der Unstrut und Amtmann in Allstedt, war 1519 den 9. Januar
zu Halle vor dem Goldenen Ring von Moritz Knebel meuchlings
ermordet worden[1]): sie war dort wohnen geblieben und hatte in
dem Worte Gottes ihren Trost gefunden. Die evangelische Lehre
ward ihr lieb und sie nahm ungescheut das heilige Abendmahl unter
beiderlei Gestalt. 1527 zog sie mit ihrem Sohne nach Wittenberg,
die Pest trieb sie aber nach wenigen Wochen wieder nach Halle.
Da muthete ihr der Churfürst von Mainz, welcher als Erzbischof
von Magdeburg auch Herr von Halle war, der Cardinal Albrecht
zu, entweder ihren Glauben aufzugeben oder Halle zu räumen. Die
verlassene Frau wandte sich an Luther, den treuen Berather und
Versorger aller Verlassenen. Bald erhielt sie von ihm den gewünschten
Bescheid[2]). „Gnade und Friede in Christo, unserm Herrn und
Heiland! Ehrbare, tugendsame Frau, euer Anliegen habe ich vernommen. Christus wird bei euch sein und euch nicht verlassen.
Daß ihr aber mich fragt, ob ihr fliehen sollt oder bleiben, achte ich,
es sei euch wohl frei, mit gutem Gewissen zu fliehen, weil ihr
solchen Urlaub habt empfangen von eurer Obrigkeit; aber doch
wollte ich lieber sehen, daß ihr noch eine Weile verzöget, bis ihr
gewissere Neue (neue Nachricht) mehr erführet, ob der Cardinal
komme oder nicht, auf daß man nicht achte, als wolltet ihr vor der
Zeit und ohne Ursach fliehen. Doch stelle ich Alles in euren Gefallen.
Gott der Allmächtige stärke euch und alle Brüder und Schwestern
zu Halle nach seinem göttlichen Willen. Zu Wittenberg, Mittwochs
den 1. April 1528. Martinus Luther." Er blieb mit dieser treuen
Bekennerin fortwährend in Verbindung[3]) und wählte sie, wie es
scheint, später noch zur Gevatterin. 1534 schrieb er ihr in eine Bibel,
welche in Halle in der Marienbibliothek noch aufbewahrt wird[4]):
„Joh. 5. Forschet die Schrift, denn dieselbige zeuget von mir.
Ps. 2. Wohl allen, die ihm trauen.
Jesaias 7. Glaubet ihr nicht, so bleibt ihr nicht. Das ist:
es wird euch Alles fehlen, was ihr ohne Glauben vornehmt,

---

1) Kreysig, Beiträge zur Historie der sächs. Lande 2, 101.
2) Briefe, be Wette 3, 297.
3) Sie speiste 1538 den 10. September bei ihm. Colloquia ed. Bindseil 2, 165.
4) Ebenda 6, 159. Er verwandte sich für sie noch 1542. Ebenda 5, 499.

wenn's auch eitel Weisheit, Gewalt, Kunst und Reichthum
wäre, denn Gott läßt's doch nicht gelingen.

Der ehrbaren, tugendsamen Frauen Felicitas von Selmenitz,
meiner lieben Gevatterin.

Martinus Luther. D. D."

Sicher sollten die angezogenen Sprüche dieser Frau das sein,
was Leitsterne sind dem verlassenen Wanderer in der Wüste.

Leonhard Kaiser, ein aus dem Gefängnisse glücklich nach Wittenberg entronnener Geistlicher, war, als er seinen im Sterben
liegenden Vater besuchte, von dem Fürstbischof von Passau gefangen
und in Bande gelegt worden. Luther nahm sich des Verlassenen an
und richtet an ihn den 20. Mai 1527 folgendes Sendschreiben [1]).

„Gnade, Stärke und Friede in Christo. Dein alter Mensch
ist gefangen, mein Leonhard, nach Gottes Willen und dem Rufe
Christi, unsres Herrn, der auch seinen neuen Menschen für dich
und deine Sünden in die Hände der Gottlosen gegeben hat, daß er
durch sein Blut dich erlöste zum Bruder und Miterben des ewigen
Lebens. Uns ist leid um dich, thun auch Fleiß und bitten, daß
du frei werdest, um nicht dir, sondern den Andern zu leben zu
Gottes Ehre, wenn es sein Wille ist. Ist's aber nicht der Wille
in dem Himmel, daß du frei werdest, so siehe, ganz frei im Geist,
dennoch zu, daß du tapfer und standhaft die Schwachheit des
Teufels besiegest, oder wenigstens tragest durch die Kraft Christi,
welcher mit dir ist in dem Gefängniß und auch in aller Trübsal
mit dir sein wird, wie er selbst treulich und freundlich verheißt,
indem er spricht: ich bin bei ihm in der Noth. (Psalm 91,
15.) Darum ist Noth, daß du mit Zuversicht zu ihm schreiest mit
Gebet und mit Trostpsalmen dich selbst aufrichtest und erhaltest bei
diesem Schnauben des Satans, damit du mögest in dem Herrn
stark werden, daß du nicht etwas zu gering oder zu weich (in) den
Zähnen des Behemoth redest, als wärest du überwunden und fürchtetest den Stolz des Satans. Du sollst aber Christum anrufen, der
überall gegenwärtig und stark ist: trotze und lache über den Grimm
und die Anmaßung des Satans, dessen gewiß, daß er dir nicht schaden
können wird, und zwar so viel weniger, je mehr er wüthet, wie
Paulus spricht: ist Gott für uns, wer mag wider uns

---

1) de Wette 3, 179 f.

sein (Röm. 8, 31)? Alle Dinge sind unter seine Füße
gethan (Psalm 8, 7). Er kann helfen Allen, die versucht werden,
der auch allenthalben versucht worden ist. Also, mein allerliebster
Bruder, werde stark in dem Herrn und sei stark in der Kraft seiner
Stärke, auf daß du, du mögest nun frei werden oder nicht, den
väterlichen Willen Gottes gegen dich erkennest, tragest, lebest und
lobest mit gutwilligem Herzen. Daß du aber solches erwägest zum
Lobe seines Evangeliums, das wolle schaffen der Vater unsres
Herrn Jesu Christi, der Vater der Barmherzigkeit und der Gott
alles Trostes, nach dem Reichthume seiner herrlichen Gnade. Amen.
In demselben lebe wohl und bitte für uns.“

Aber nicht nur einzelne Personen fühlten sich verlassen, ganze
Häuflein von Gläubigen, ganze Gemeinden suchten vergebens bei
denen, welche von Rechtswegen sich ihrer hätten annehmen sollen,
Hülfe und Schutz. Luther nahm sich aus der Ferne dieser, die von
ihren eigenen Hirten verlassen, wenn nicht gar verfolgt wurden, als
ein treuer Hirte an, führte sie zum frischen Wasser und bereitete
vor ihnen einen Tisch gegen ihre Feinde. Wie vortrefflich er das
verstand, ersehen wir aus seinen Briefen. Zwei mögen auch hier
genügen! Den Auserwählten, Lieben Gottes, allen Gliedern Christi
zu Augsburg, seinen lieben Herren und Brüdern, stiftete er 1523
den 11. Dezember dieses Schreiben[1]). „Gnade und Friede in
Christo, unserm Herrn. Es ist vor uns gekommen, liebe Brüder
und Herrn, wie bei euch Etliche sind in Widerwärtigkeit gerathen
um eines Pfaffen Hochzeit[2]) willen unschuldiglich und über den Schaden
auch Spott und Schimpf leiden müssen von denjenigen, so sich
freuen, wenn Christus gekreuzigt wird, und lachen, wenn ihres
Vaters Noth und Blöße gesehen wird. Nun wir aber durch Gottes
Gnade in der Gemeinschaft der Heiligen und unter einander Glieder
sind, müssen wir uns, wie Paulus spricht (Röm. 12, 13 und 15),
der Heiligen Nothdurft annehmen und mit denjenigen, die da leiden,
Mitleid tragen. Denn gleichwie Skt. Paulus sagt abermal (1 Kor.
12, 26): leidet ein Glied, so leiden die andern alle
mit, wird eins geehrt, so freuen sich die andern alle;

---

1) de Wette 2, 440 ff.

2) Der Priester Jakob Grießbüttel hatte, da ihm die Kirche nicht geöffnet
ward, vor 32 Evangelischgesinnten als Zeugen bei einem Gastmahl die Erklärung
abgelegt, daß er jetzt seine Braut eheliche. Vgl. Uhlhorn, Urban Rhegius S. 57.

es sei nun bei und unter euch Ehre oder Schmach, Friede oder Un=
gemach: so achten wir, es sei auch unser und treffe auch uns. Wie
wir denn auch uns zu eurer Liebe versehen, unsere Freude sei eure
Freude, und unser Unfall sei euer, um des gemeinen Glaubens und
Wortes willen, damit uns Gott berathen hat durch seine große
Barmherzigkeit. Derhalben habe ich es nicht können und sollen
unterlassen, eurer Liebe eine Ermahnung zu thun und zu trösten
mit dem Troste, damit wir von Gott getröstet werden durch sein
heiliges Wort, auf daß eure Liebe nicht allein solches geduldiglich
leide, sondern auch frisch und stark werde noch größeres zu erwarten
und zu überwinden, wiewohl ich achte, daß mein armes Schreiben
eurer Liebe nicht noth sei.

Auf's Erste spricht Paulus (Röm. 8, 17. 2 Tim. 2, 12):
wollen wir mit herrschen, so müssen wir auch mit
leiden. Denn so wir Lust haben am Evangelium und begehren
seines unaussprechlichen Reichthums und seines ewigen Schatzes theil=
haftig zu sein, müssen wir auch mit ausschlagen (in Anschlag bringen)
sein Kreuz und was es Ungemach mit sich bringt, angesehen, daß
sein Reichthum und Schatz ewig ist und sein Ungemach zeitlich, ja
augenblicklich. Er hat es gesagt selber (Joh. 16, 33): in der
Welt werdet ihr Ungemach haben, in mir aber den
Frieden. Wollen wir Friede in ihm haben, wohlan, so müssen
wir Ungemach von der Welt haben. Da wird nichts Anderes aus.
Gedenket, sagt er (Joh. 15, 20), meines Wortes, das ich
euch gesagt habe: der Knecht ist nicht besser denn sein
Herr. Haben sie mich verfolgt, so werden sie auch euch
verfolgen. Ein fauler, unnützer Knecht wäre mir das, der auf
einem seidnen Polster sitzen wollte und wohlleben, da sein Herr da
außen hungert, arbeitet und streitet wider seine Feinde. Ja ein
thörichter Kaufmann wäre das, der sein Gold und Silber darum
von sich werfen und nicht haben wollte, daß es in groben, unsau=
bern Säcken und Beuteln, und nicht in schöner Seide und Sammt
gebunden wäre, oder würde seinem Schatze darum feind, daß er
schwer und nicht so leicht als eine Feder wäre; so doch die Natur
des Schatzes ist, daß er schwer sei und je größer, je schwerer; und
der Brauch auch nicht ist, Gold und Silber in schönen Säcken und
Beuteln zu führen, sondern in schwarzem, grobem, unsaubrem Tuch,
das sonst Niemand gern am Leibe trüge.

Also ist's und hält sich's mit unsrem Schatze auch, der ist wahrlich groß, theuer, köstlich und edel, aber wir müssen ihn führen in Ungemach und Leiden; das ist seine Last und seine unsaubern Säcke, darinnen er verborgen liegt. Wer nun diesen Schatz wollte öffentlich hertragen in schönen Säcken, d. i. wer ein Christ sein will und will herrlich gehalten sein, Lust und Ehre und gute Freunde dazu haben und will nicht verachtet sein, Unlust, Schande, Schaden und Feinde davon haben: was sucht er anders, denn daß er will des Schatzes beraubt sein? Trägt ihn ja herrlich und öffentlich und ja scheinbarlich; so doch dieses Schatzes Art ist, daß er unter Schande, Schaden, Leiden wohl verdeckt sei, wie in einem rußigen Beutel oder Sack, auf daß ihn die Welt nicht erkenne und raube, welches geschieht, wo sie uns darum ehren, lieben, fördern würde. Derhalben auch Christus spricht Matthäus 13 (B. 44), daß der Mann, der den Schatz im Acker fand, ihn wiederum verscharrte und vergrub. Das ist nichts Anderes, das Evangelium will· und kann nicht in großen Ehren, Gemach, Lust und Gut hervorbrechen und emporschweben oder wird nicht bleiben; sondern es muß verscharrt und vergraben sein unter Ungemach und Schande, daß es nicht hervorbreche vor der Welt und sich derselben gefällig stelle; so bleibt es sicher und frei.

Derhalben Gott auch euch sehr gnädig ansieht und bewährt euren Schatz, daß er ihn auch verwahre: davon ihr billig Gott danken und loben sollt mit Freuden, der euch dazu würdig macht, solchen Schatz zu heben und nun auch in den rechten Beutel zu fassen, daß er euch bleiben möge. Darum seid getrost, meine lieben Herren und Brüder, es stehet wohl mit euch und will gut werden. Entfallet nur nicht aus der Hand Gottes, der euch jetzt gefaßt, euch zu rechtschaffenen Christen zu machen, die nicht mit Worten allein, wie ich und eures Gleichen leider sind, sondern mit der That und Wahrheit evangelisch leben sollen.

Es ist also geschrieben (Jesaj. 64, 8): wir sind sein Thon, er ist unser Haffner. Der Thon muß die Kunst und die Hand des Haffners nicht meistern, sondern sich meistern und machen lassen. Darum führt auch das Evangelium seinen Reim, den ihm Skt. Paulus gibt (1 Kor. 1, 18): verbum crucis, ein Kreuzwort. Wer das Kreuz nicht will, der muß des Wortes mangeln. Wahr ist's, nichts Lieblicheres wäre im Himmel und auf Erden, denn das Wort ohne Kreuz. Aber es würde die Lust nicht bleiben lang, sintemal die Natur nicht vermag eitel Freude und Lust zu tragen die Länge. Wie man spricht: der Mensch kann alles wohl erleiden, nur nicht gute Tage, und müßten starke Beine sein, die gute Tage ertragen sollen.

Darum hat Gott auch uns diesen süßen, lieblichen Schatz ein wenig gewürzt und mit Essig und Myrrhen scharf schmäckig gemacht, daß wir sein nicht überdrüssig würden. Denn sauer macht essen, spricht man: also macht auch Ungemach auf Erden, daß unser Herz desto fröhlicher, frischer und immer durstiger wird nach diesem Schatz. Denn seine Kraft wird dadurch geschmeckt und erkundet, wie er das Herz in Gott tröste. Also gibt ihm auch Salomo Sprüch. 9 (V. 5) den Namen: gemischter Wein, da die Weisheit spricht: kommt und trinkt den Wein, den ich euch gemischt habe. Und Psalm 75 (V. 9): der Herr hat einen Becher in der Hand voll von gemischtem Weine: ein lauterer Wein ist es, der die Seelen trunken macht, aber doch mit Leiden gemischt, daß er schmackhaft bleibe.

Aber was soll ich viel mehr erzählen! Eure Liebe weiß selbst wohl, daß in der ganzen Schrift durch und durch alle Zeit Gottes Wort so gepriesen wird, daß es Ungemach, Schande und allerlei Trübsal mit sich bringt zeitlich: daneben auch Ermahnung und Trost vorhält, wie großes Gut der Schatz sei, wie trefflich er durch solche Trübsal zunehme. Derhalben ihr euch selbst unter einander wohl trösten könnt. Aber was ich thue, ist wohl als eine Vermessenheit anzusehen. Doch weil ich sehe, daß Gott euch gleichen Reichthum mit uns geschenkt hat durch die Erkenntniß unsres Herrn Jesu Christi, kann ich nicht lassen, Narre zu sein und aus Freude und Lust, so ich an eurer Gemeinschaft habe, zu schwatzen mit euch und zu ermahnen, da ich wohl bedürfte beides Ermahnung und Lehre. Derhalben bitte ich, eure Liebe wolle mir diese Schrift, guter Meinung geschehen, zu gute halten und mich, schwaches, armes, zerbrechliches Gefäß, durch euer Gebet Gott befehlen. Ich bitte auch, lasset euch auch alle Boten befohlen sein. Der Gott aller Gnaden, der angefangen, sich bei euch zu offenbaren und seines Sohnes Bild in euch zu erneuern, wolle nach dem Reichthum seiner Ehre sein Werk reichlich beide an euch und uns vollführen auf den Tag unsers Herrn Jesu Christi: deß wir tröstlich warten, daß er uns erlöse von dem

llebrigen alles llebels in dieſem Fleiſche, Amen. Gottes Gnade ſei
mit euch allen, Amen."

Im Februar des folgenden Jahres ſah ſich Luther veranlaßt,
einen Troſtbrief an die Evangeliſchen in Miltenberg an dem Main
zu richten. Johann Drakonites, nach ſeiner Geburtsſtadt, wie es die
Sitte der Zeit war, auch Joh. Karlſtadt genannt, hatte dort mit dem
Evangelium großen Eingang gewonnen: das reizte den Zorn des
Landesherrn, des Churfürſten Albrecht von Mainz. Der Pfarrer
ward verjagt und die hauptſächlichſten Anhänger desſelben gefangen
und getödtet. Luther nahm ſich der Verlaſſenen warm und treu an.
Allen lieben Freunden Chriſti zu Miltenberg ſchrieb er[1]): „Gnade
und Friede von Gott, dem Vater, und dem Herrn Jeſu Chriſto.
Der heilige Apoſtel, Skt. Paulus, da er ſeine Korinther tröſten
wollte, fing er alſo an (2 Kor. 1, 3, 4): gelobt ſei Gott,
der Vater unſers Herrn Jeſu Chriſti, der Vater der
Barmherzigkeit und Gott alles Troſtes, der uns
tröſtet in all unſrer Trübſal, daß wir auch tröſten
können die, ſo in Trübſal ſind, mit dem Troſt, damit
wir getröſtet werden von Gott. In welchen Worten er durch
ſein eigen Exempel lehret, daß man die Betrübten tröſten ſoll, aber
doch alſo, daß derſelbige Troſt ja nicht von Menſchen, ſondern von
Gott ſei. Welches er gar merklich hinzuſetzt, um den falſchen,
ſchändlichen Troſt zu meiden, welchen ſucht und gibt die Welt,
Fleiſch und der Teufel auch, dadurch aller Nutz und Frucht des
Kreuzes verdorben und verhindert wird. Welches aber der Troſt
ſei, der von Gott kommt, zeigt er an Röm. 15 (V. 4): was geſchrieben iſt, das iſt uns zur Lehre vorgeſchrieben, auf
daß wir durch Geduld und Troſt der Schrift Hoffnung
haben. Er ſpricht: Hoffnung haben; Hoffnung aber haben iſt
deß, das man nicht ſiehet noch fühlet. Röm. 8 (V. 24). Weltlicher
Troſt ſtrebt danach, daß er ſehe und fühle, was der Betrübte begehrt, und will der Geduld nicht haben; hie aber ſoll Geduld bleiben
mit Troſt der Schrift in Hoffnung. Alſo thut auch mit der That
Skt. Paulus an ſeinen Korinthern. Denn da er ihnen von Gottes
Troſt geſagt hatte, kommt er endlich dahin, daß er ſie lobt, wie ſie
ein Brief Chriſti ſind, durch ſein evangeliſch Predigtamt zugerichtet

---

1) de Wette 2, 475 ff.

und mit dem lebenden Geist geschrieben (2 Kor. 3, 4), und fähet an ein hohes Lob des Evangeliums, daß, wo ein fleischlicher Mensch solches ansiehet, mag er wohl denken: ist der Mann trunken, der die Korinther trösten will, und lobt doch nur sich selbst und sein Predigtamt und rühmt sein Evangelium? Aber wer es recht ansiehet, der verstehet, wie der liebe Paulus den rechten, edlen Trost Gottes aus der Schrift zeucht und sie durch das Evangelium stärkt und fröhlich macht.

Demnach habe ich mir auch, liebe Freunde, vorgenommen, euer Herz zu trösten mit solchem Troste, den ich von Gott habe, in eurer Trübsal, so ich durch Dr. Johann Karlstadt, euren vertriebenen Pfarrherrn, und auch sonst gründlich Unterricht empfangen habe, wie die Feinde des Evangeliums und Seelenmörder an euch gehandelt haben um des Wortes Gottes willen, welches sie mit ihrem freveln Lästermaul jetzt lutherische Lehre heißen, auf daß sie einen Schein haben, als thäten sie Gott einen Dienst daran, weil sie Menschenlehre verfolgen; wie die Juden an den Aposteln, als Christus ihnen verkündigt, auch thaten.

Nun wäre das ein weltlicher Trost, der euren Seelen und der Sache gar nicht nütze, sondern ganz schädlich wäre, wo ich oder ihr uns also wollten trösten, daß wir mit Schelten und Klagen über der Lästerer Frevel und Bosheit uns an ihnen wollten rächen. Und ob wir schon auch mit der Faust sie alle erwürgeten oder vertrieben, oder Lust und Freude hätten, so sie Jemand um unsres Leibes willen strafte, wäre doch damit nichts ausgerichtet. Denn es ist eine weltliche Rache und Trost und gebührt uns nicht; sie gebührt aber unsern Feinden, gleichwie ihr sehet, daß an euch sie haben ihren Muthwillen gekühlt und sich gerochen und sind fröhlich darüber, haben sich fein getröstet. Aber was ist's für ein Trost? Ist auch Hoffnung da? Ist auch Geduld da? Ist Schrift da? Ja wohl, anstatt Gottes haben sie die Faust gebraucht, anstatt der Geduld haben sie die Rache bewiesen, anstatt der Hoffnung haben sie ihren Muthwillen ausgerichtet sichtbarlich und fühlen (greifen mit Händen), was sie gern hätten gehabt. Wo ist denn solcher Trost her? Von Gott ist er nicht, so muß er gewißlich vom Teufel sein. Das ist auch wahr. Was will aber für ein Ende nehmen der Trost, der vom Teufel ist? Paulus sagt (Philipp. 3, 19): ihr Ruhm wird ein schändlich Ende nehmen.

Nun sehet, welch ein reicher, hochmüthiger Trost euch daraus erwächst! Erstlich seid ihr gewiß, daß ihr um Gottes Wortes willen solch ihren Frevel und Schmach leidet. Was liegt daran, daß sie es Ketzerei heißen? Ihr seid doch gewiß, daß es Gottes Wort ist, so mögen sie nicht gewiß sein, daß es Ketzerei sei; denn sie wollen's nicht hören und haben, noch mögen sie es auch nicht beweisen, daß es Ketzerei sei; und fahren doch auf solch ungewissem Grund, zu lästern und zu verfolgen, wie St. Petrus (2 Ep. 2, 12) sagt, das sie nicht wissen. Derhalben sie nicht mögen ein gutes Gewissen in der Sache haben, ihr aber habt einen sichern, gewissen Verstand, daß ihr um Gottes willen leidet. Nun wer will oder kann je ausreden, welch ein seliger, stolzer Trost das ist, so man gewiß ist, daß man um Gottes willen leidet? Denn wer leidet? Wem gehet's an? Wer wird's rächen, wenn wir um Gottes willen leiden? Wohl spricht St. Petrus (1 Ep. 3, 14): selig seid ihr, so ihr um Gerechtigkeit willen leidet. Wenn Jemand der ganzen Welt Kaiser wäre, so sollte er solch Kaiserthum nicht allein gern, um solch Leiden zu überkommen, geben, sondern auch für einen Dreck halten gegen solchen tröstlichen Schatz.

Darum habt ihr, liebe Freunde, wahrlich keine Ursache, daß ihr Rache begehret oder euren Feinden Arges wünscht, sondern vielmehr, daß ihr euch derselben herzlich erbarmet. Denn ihr seid fürwahr, ausgenommen was sie noch treffen wird am Ende, schon allzu hoch gerochen. Es ist ihnen schon allzu wehe geschehen: sie haben euch nur Vortheil gethan, daß ihr zu Gottes Trost kommt durch ihr Toben; ihnen selbst haben sie den Schaden gethan, den sie schwerlich und Etliche nimmermehr überwinden werden.

Denn was ist's, daß sie euch eine Zeit lang nur an Leib und Gut geplagt haben? Muß es doch ein Ende haben. Und was ist's, daß sie eine kleine Zeit sich freuen ihres Muthwillens? Wird er doch nicht lang währen. Darüber so sehet euer Heil und ihren Jammer an. Ihr habt ein gut, sicher Gewissen und rechte Sache; sie haben ein bös, ungewiß Gewissen und eine blinde Sache, die sie noch nicht wissen, wie sie unrecht ist. So habt ihr den Trost Gottes mit Geduld aus der Schrift in der Hoffnung: so haben sie den Trost des Teufels durch die Rache in sichtbarlichem Muthwillen.

Wenn euch nun der Wunsch würde gegeben, daß ihr jenen Theil oder euren solltet wählen, solltet ihr nicht vor ihrem Dinge laufen und fliehen, als vor dem Teufel, wenn's gleich ein Himmelreich wäre, und zu eurem Theile eilen, wenn's gleich eine Hölle wäre? Sintemal der Himmel nicht fröhlich sein mag, wenn der Teufel da regiert, und die Hölle nicht betrübt, wenn Gott da regiert.

Darum, liebe Freunde, wollt ihr euch wohl und hochmüthig rächen und trösten nicht allein an euren leiblichen Verfolgern, sondern vielmehr am Teufel, der sie reitet, so thut ihm also. Seid nur fröhlich und danket Gott, daß ihr deß werth seid worden, sein Wort zu hören, zu kennen und darum zu leiden, und laßt euch wohlgefallen, daß ihr gewiß seid, eure Sache ist Gottes Wort und euer Trost von Gott, und laßt euch jammern eurer Feinde, daß sie kein gut Gewissen in ihrer Sache haben und allein den elenden, betrübten Teufelstrost haben, durch ihren Frevel, Ungeduld, Rache und zeitlichen Muthwillen. Glaubt sicherlich, mit solchem fröhlichen Geist, Lob und Dank werdet ihr ihrem Gotte, dem Teufel, mehr Leids thun, denn ob ihr tausend eurer Feinde erwürgtet. Denn er hat's auch nicht darum angerichtet, daß er sie trösten und euch leiblich wollte wehe thun, sondern er wollte euch gern traurig und schwermüthig machen, die Gotte unnütze wären. So thut ihr desto mehr dazu und spottet sein, daß ihm sein Anschlag fehle und ihn verdrieße.

Ueber das will ich euch noch eins zeigen, das ihn gar sein kitzeln soll, davor er sich am Meisten fürchtet. Er weiß wohl, daß ein Verslein im Psalter (8, 3) stehet, der heißt: Du hast einen starken Grund gelegt durch den Mund der Unmündigen und Säuglinge, auf daß du des Feindes und Rächers ein Ende machest. Dieser Vers droht ihm nicht allein Betrübniß und Elend, sondern, daß er zu Nichte werden soll; und dasselbige nicht durch große Gewalt, welches ihm doch eine Ehre wäre, sondern durch ohnmächtige Säuglinge, da keine Kraft innen ist. Das beißt und thut dem mächtigen, stolzen Feinde recht wehe, daß seine große Gewalt, sein schrecklich Toben, seine wüthende Rache soll ohne Gewalt durch kindische Schwachheit zu Boden gestürzt werden und soll es nicht wehren können. Da laßt uns zuhelfen und mit Ernst zuthun. Wir sind die Unmündigen und Säuglinge, so wir schwach sind und lassen die Feinde mächtig und gewaltig über uns sein, daß sie von ihrem Ding reden und thun, was sie wollen: wir aber müssen schweigen unser Ding und leiden, als könnten wir nichts reden oder thun, wie die jungen Kinder und sie wie die gewaltigen Helden und Riesen. Aber doch redet Gott dieweil durch unsren Mund sein Wort, das seine Gewalt preist. Das ist ein solcher Fels und fester Grund, daß die höllischen Pforten nichts dawider vermögen. Wo das bleibt und geht, da geschieht's zuletzt, daß auch der Feinde Etliche bekehret werden, die des Teufels Schuppen waren. Wenn nun ihm solche Schuppen abgestreift werden durch's Wort Gottes, so wird er bloß und matt: so geht es denn, wie dieser Vers sagt, daß es des Feindes und Rächers ein Ende macht. Das ist ein fröhlicher Sieg und eine Ueberwindung, die ohne Schwert und Faust geschieht. Darum sie auch dem Teufel wehe thut. Denn das thut ihm sanft und wohl, so er durch die Seinen uns zu Zorn, Rache, Ungeduld und Traurigkeit bewegen kann. Wo aber Freude draus wird und Gottes Lob und Ruhm seines Wortes, das ist seine rechte Hölle.

Ja, möchte Jemand sagen, es ist verboten von dem Worte Gottes zu reden, bei Leib und Gut. Wohlan, wer stark ist, der halte solch Gebot nicht; denn sie haben's nicht Macht zu verbieten. Gottes Wort soll, will und muß ungebunden sein. Ist aber Jemand zu blöde und schwach, dem will ich einen andern Rath geben, nämlich daß er doch heimlich fröhlich sei, Gott danke und sein Wort preise, wie droben gesagt ist, und bitte um Stärke von Gott, auch öffentlich davon zu reden, daß der Feind und Rächer verstöret werde. Dazu will ich euch diesen 120. Psalm zu deutsch schenken und kürzlich auslegen, daß ihr sehet, wie euch Gott tröstet durch seine Schrift und wie ihr bitten sollt wider die falschen Lästermäuler und wüthrichen Verfolger. Folgt der Psalm mit der Auslegung.

Der 120. Psalm.

Ich rief zum Herrn in meiner Noth und er erhöret mich.

Herr, errette meine Seele von den bösen Mäulern und von den falschen Zungen.

Was soll man dir geben und dazu thun wider die falschen Zungen?

Scharfe Pfeile des Gewaltigen mit Kohlen von Wacholder.

Ach meines Leibs, daß sich mein Wallen so lange (dahin) zeucht! Ich wohne unter den Hütten Kedar.

Meine Seele muß so lange wohnen unter denen, die den Frieden hassen.

Ich hielt Friede, aber da ich redete, hoben sie Steine auf.

Der erste Vers lehrt uns, wo wir hinlaufen sollen, wenn uns Unfall trifft: nicht zum Kaiser, nicht zum Schwert, nicht zu unsrem eignen Rath, noch Klugheit, sondern zum Herrn, der ist der rechte, einige Nothhelfer. Ich rief (spricht er) zum Herrn in meiner Noth. Und daß wir solches kühnlich und fröhlich thun sollen und nicht fehlen werden, zeigt er damit an, daß er sagt: und er er- höret mich, als sollte er sagen: der Herr hat's gern, daß man zu ihm läuft in der Noth, und ist willig, zu hören und zu helfen.

Der andere Vers bringt das Anliegen vor und zeigt, welches die Noth sei: nicht, daß Gott nicht wisse zuvor, sondern, daß wir dadurch gereizt und getrieben werden, desto fleißiger zu bitten. Es ist aber eben die Noth, die euch zu Miltenberg und eures Gleichen in deutschen Landen betreten hat, nämlich daß die bösen Mäuler und falschen Zungen nicht wollen das Wort Gottes leiden, sondern ihren Menschentand und Lügen erhalten und heißen uns schweigen, daß ihre böse, falsche, giftige Lehre allein geprediget werde.

Der dritte Vers hält einen Rath darüber, wie und womit man der Sache helfen solle. Denn es begehrt und hätte auch gern die menschliche Blödigkeit Hülfe und Schutz in der Welt und Viele gehen damit um: das zeigt dieser Vers an mit seinen Rathschlägen. Aber der Geist wirft das alles weg und will der Hülfen keine, wie folgt.

Der vierte Vers nennt die rechte Hülfe; nämlich scharfe Pfeile des Mächtigen, das ist, so Gott wollte senden starke Prediger, die sein Wort getrost sagten: welches sind die Pfeile Gottes. Und sind scharf, wenn sie durchbringen und nicht schonen, sondern schießen und verwunden Alles, was Menschentand ist. Da- durch werden die falschen Zungen überwunden und in rechte, christ- liche Zungen verwandelt. Wacholderne Kohlen aber sind die rechten Christen, die Gottes Wort, so durch die scharfen Pfeile be- deutet ist, auch mit dem Leben beweisen und in hitziger, brünstiger Liebe, in Werken erzeigt, anzünden. Denn man sagt, daß wachol- derne Kohlen das Feuer wohl und wahrhaftig halten. Daß also dieser Vers wünscht seine Prediger, die das Wort Gottes im Glauben gewaltiglich führen und Alles zu Boden schlagen, was des Teufels Ding ist, und mit Werken der Liebe Brunst lassen brennen und scheinen ihren Glauben. Denn es sind wohl viele Prediger des Wortes jetzt, aber sie sind nicht mächtig, führen es auch nicht gewaltiglich. Und ob sie es führten, schärfen sie es doch nicht; denn sie schonen, wo nicht zu schonen ist, nämlich den großen Haufen; dazu sind sie auch so kalt von Liebe und rohes Lebens, daß sie mehr ärgern denn bessern und also die Pfeile Gottes stumpf und matt machen.

Der fünfte Vers klagt und zeigt, wie es solchen Predigern gehet, nämlich daß wenig dem Evangelium glauben und schlagen's in den Wind. Das thut denn dem Geiste wehe, der so gerne wollte, daß es Jedermann mit Freuden aufnähme. Darum spricht er: ach weh mir! ach meines Leibes! ich muß so lang hier wallen und Gast sein, denn ich finde Gottes Reich nicht unter ihnen. Sie wollen auch nicht hinein, ich predige so lange und hilft nicht: sie bleiben doch, wie sie sind, und ich muß auch unter ihnen sein und wohnen unter den Hütten Kedar. Kedar nennt die hebräische Sprache Arabia und lautet auf deutsch traurig oder finster, gleichwie die hergehen, die da Leid tragen. Die Araber sind ein wild, wüst, frech, ungezogen Volk, darum nennt er hier die Ungehorsamen des Evangeliums Kedar, daß sie sich nicht züchtigen lassen durch's Evangelium.

Der sechste zeigt, daß er nicht allein verachtet, sondern auch verfolgt wird um des Wortes willen und muß doch unter ihnen bleiben. Sie hassen den Frieden, spricht er, nämlich den göttlichen Frieden, da wir innerlich im guten Gewissen mit Gott Friede haben und äußerlich mit allen Menschen, Niemandem Leids, sondern Jedermann wohl thun. Den Frieden hassen sie; denn sie verfolgen das Wort, welches solchen Frieden lehret und bringt, und vertheidigen ihre Lehre, welche böse Gewissen macht vor Gott durch eigene ungläubige Werke und Sekten und Zwietracht in mancherlei Ständen unter den Leuten aufrichtet.

Der siebente verantwortet und entschuldigt sich der falschen Anklage wegen, so die Gottlosen auf die rechten Christen legen. Denn sie sagen, solche Lehre sei aufrührerisch und mache Uneinigkeit in der Welt. Darauf sagt er: es ist meine Schuld nicht, denn ich hielt

Friede, that Niemandem ein Leid, ohne daß ich predigte vom rechten Frieden: das konnten sie nicht leiden und hoben Streit an und verfolgten mich. So mußte Elias auch hören von dem Könige Ahab, als hätte er Israel irre gemacht, so doch, wie Elias auch antwortet, er selbst, und nicht Elias, Israel irre machte.

Da sehet ihr, liebe Freunde, daß euer Fall gleich hier abgemalt ist, und gehet euch, wie es in diesem Psalm stehet. Ihr müsset den Namen haben, daß ihr aufrührerisch wäret, so ihr doch nichts gethan habt, denn das Wort gehört, geredet und reden lassen. Darüber haben die Mainzischen Tempelknechte und Seelenjäger den Streit über euch angehoben und den Frieden, so ihr lehrtet, gehaßt und verfolgt, und müsset noch immer wohnen und lang wandeln bei solchen Feinden des Friedens um Gottes willen und seid unter den Hütten Kedar fremde Gäste und übel gehalten.

Was wollt ihr nun thun? Rächen könnt ihr euch nicht, und ob ihr es könntet, so taugt es nicht. Uebeles wünschen gilt auch nicht, weil Christus sagt (Matth. 5, 44): segnet die, so euch fluchen, bittet für die, so euch beleidigen und verfolgen. Was sollt ihr denn thun? Nichts Besseres, denn wenden die Augen von den Menschen, die euch Leibes thun, und sehen auf den Schalk, der sie besitzt und treibt, wie ihr euch an demselben rächen mögt und euer Müthlein kühlen. Er hat aber kein Fleisch noch Bein, er ist ein Geist: darum, wie Skt. Paulus sagt, müsset ihr nicht mit Fleisch und Blut kämpfen, sondern mit den geistlichen Schälken oben in der Luft, mit den Regenten der blinden, finstern Welt. Was sollten die elenden Mainzischen Hurenknechte und Mast- bäuche anders thun? Sie müssen wohl thun, wie ihr Gott, der Teufel, sie jagt; sie sind nicht bei sich selbst, darum auch ihrer herz- lich zu erbarmen ist. Sie geben vor, christliche Lehre zu erhalten, so sie doch schändlicher leben, denn Hurer und Buben, gerade als sollte der h. Geist durch solche Teufelsgeschirre etwas wirken zu seinen Ehren: er thäte es denn ohne ihr Wissen und Willen, wie durch Judas, Kaiphas und Pilatus.

So ist nun das einige Stück noch übrig, daß ihr, wie dieser Psalm weiset, in dieser Noth zu dem Herrn euch haltet und vor ihm über solche böse Zungen schreiet und mit Ernst und mit ganzem Herzen bittet um starke Schützen, die scharfe Pfeile auf die Teufel schießen, treffen und nicht fehlen, und um feurige Wacholderkohlen, die mit Brunst und Feuer die verführten, blinden Leute anzünden und mit gutem Leben erleuchten zu Preis und Lob des Namens Gottes. Werdet ihr das thun, so sollt ihr in der Kürze sehen, wie reichlich ihr an dem Teufel und seinen Schuppen gerochen werdet, daß euch euer Herz darüber lachen wird. Allein, sehet zu, daß ihr solches Bitten mit aller Zuversicht thut und nicht zweifelt, Gott, um dessen Wortes willen ihr geplagt seid, werde euch erhören und seine Pfeile und Kohlen mit Haufen ausschicken, daß, wo sie an einem Orte zu Miltenberg das Wort unterdrückt haben, da soll's an andern zehn aufgehen, und je mehr sie in's Feuer blasen, je stärker es brennen soll.

Denn daß es noch nicht so stark gehet das Wort Gottes, wie es billig sollte und wir gerne wollten, wiewohl sie meinen, es gehe allzu stark, das kann ich keinem Andern Schuld geben, denn daß wir zu faul sind, um scharfe Pfeile und heiße Kohlen zu bitten. Er hat uns befohlen zu bitten, daß sein Reich komme und sein Name geheiligt werde, das ist, daß sein Wort und die Christen zunehmen und stark werden, aber weil wir es lassen liegen, wie es liegt, und bitten nicht mit Ernst, darum gehet es auch so faul zu, und sind die Pfeile stumpf und matt und die Kohlen kalt und roh und fürchtet sich der Teufel noch nicht sehr vor uns.

Darum laßt uns aufwachen und frisch sein, die Zeit ist da. Er thut uns allenthalben viel böser Tücke; laßt uns doch auch ein Mal ihm etwas beweisen, das ihn verdrießt, und uns rächen, das ist, lasset uns bitten zu Gott ohne Unterlaß, bis er uns gerüstete Schützen mit scharfen Pfeilen und Kohlen genug sendet.

Sehet, liebe Herren und Freunde, solches Trostbriefes habe ich mich unterwunden, an euch zu schreiben, wiewohl es Andere besser hätten mögen thun und größere Ursache haben. Weil aber mein Name auch mit im Spiele ist, und ihr als die Lutherischen verfolgt werdet, hat mir's, achte ich, nicht übel geziemt, mich auch euer anzunehmen als wie mein selbst.

Und wiewohl ich's nicht gerne habe, daß man die Lehre und Leute lutherisch nennt, und muß von ihnen leiden, daß sie Gottes Wort mit meinem Namen also schänden: so sollen sie doch den Luther, die lutherische Lehre und Leute lassen bleiben und zu Ehren kommen; wiederum sie und ihre Lehre untergehen und zu Schanden werden, ob's auch aller Welt leid wäre und alle Teufel verdröffe. Leben wir, so sollen sie nicht Friede vor uns haben, sterben wir, so sollen sie noch weniger Friede haben. Kurzum, sie sollen uns nicht los werden, sie seien denn hinunter und geben sich williglich zu uns, und soll sie ihr Zorn und Toben nichts helfen. Denn wir wissen, weß das Wort ist, das wir predigen, und sollen's uns nicht allen nehmen. Das sei meine Prophezeiung, die mir nicht fehlen wird, Gott erbarme sich über sie.

Hiemit will ich euch, liebe Freunde, Gott in seine Gnade und Barmherzigkeit befohlen haben, und bittet auch Gott für mich armen Sünder und laßt euch eure Prediger befohlen sein, so Christum, und nicht den Papst oder die Mainzischen Tempeljunker predigen. Gottes Gnade sei mit euch, Amen."

Der Evangelischen fern von der Elbe an dem Lech und dem Main konnte sich Luther nur in dieser Weise annehmen, daß er ihnen sein tiefstes Beileid bezeigte und ihnen die heilsamsten Rath-schläge gab, wie sie in Geduld und mit Freude Gott zu Ehren und zum Preise des Wortes die schweren Heimsuchungen tragen konnten. Denen, welche mehr in seiner Nähe allerlei Feindseligkeiten und Verfolgungen ausstanden, kam er nicht bloß mit solchen Trostbriefen zu Hülfe, wie den von Herzog Georg aus Oschatz verjagten Christen, deren Noth ihm eine Frau von Daum geklagt hatte[1]), den aus Leipzig herausgetriebenen Evangelischen[2]), und den in Mitweida arg bedrängten guten Leuten, von welchen Antonius Lauterbach, Prediger in dem churfürstlichen Leisnig, ihm berichtet hatte[3]), sondern sah auch ihre Supplikationen an den gestrengen Landesherrn, wie die der um des Evangeliums willen aus Leipzig Verbannten, durch[4]), ertheilte ihnen allerlei Gewissensrath, wie gleichfalls Leipzigern, welche das Abendmahl unter einerlei Gestalt zu nehmen gezwungen werden sollten[5]), nahm sie in Wittenberg freundlich auf, besprach sich ein-gehend mit ihnen und predigte ihnen, da seine Leibesumstände ihm nicht erlaubten, in der Stadtkirche die Kanzel zu besteigen, das

---

1) Briefe, de Wette 4, 438 f. (1533, 20. Januar).
2) Ebenda 4, 463. Werke, Jena. 6, 6 ff. (Eine besondere Schrift vom Juni oder Juli 1533.)
3) Ebenda 4, 609 (1535, 27. Juni).
4) Ebenda 4, 405 und 6, 135 (1532, 4. Oktober).
5) Ebenda 4, 443 und 6, 141 (1533, 11. April).

Evangelium in seinem eigenen Haus, wie z. B. 1534 am zweiten Pfingsttag den aus Leipzig verjagten treuen Bekennern [1]). Ja, da der Seelsorger nicht bloß Rath zu geben hat, selbst in weltlichen Dingen, sondern auch selbst Hand und Fuß regen muß, wenn der Verlassene es nicht vermag oder von seinem eignen Vorgehen sich keinen Er- folg verspricht, so war auch der Reformator alle Zeit beflissen, Alles, was in seinen Kräften stand, zu thun, um denen wieder zu ihrem Gute zu helfen, welchen man es entrissen hatte. So verwendete er sich bei seinem gnädigen Herrn, dem Churfürsten Johannes, 1527, 16. Dezember [2]) für einen gewissen Simon Mannewitz, welcher um des Evangeliums willen von dem Bischofe von Meißen beschweret und seines väterlichen Erbes beraubt worden war, und stellte vor, daß das Gütlein des armen Mannes unter dem Wurzischen Striche in des Churfürsten Landschutz gelegen sei.

Man wußte, wie gern Luther jedem Bedrängten und Ver- lassenen half und wie viel ein Wort von ihm vermöge: darum ward er nicht bloß von solchen überlaufen, welche von irgend einem hohen Herrn oder einem weisen Stadtrathe eine Untersuchung begehrten, sondern auch von solchen, welche meinten, daß sie nicht zu ihrem Rechte kommen könnten. Da klagt ihm mit den höchsten Betheu- rungen seiner Unschuld Georg Schmid sein Leid, daß der Rath von Magdeburg ihm Unrecht thue, und sofort wendet sich Luther an seinen Herzensfreund, den Nikolaus Amsdorf daselbst [3]). Da läßt ein armer Mann ihm keine Ruhe, so viel Mühe er sich auch gibt, er kann ihm nicht helfen: da bittet er endlich unterthäniglich den Chur- fürsten, „mit einem Brieflein seine Sache zu fördern bei denen von Jessen" [4]). Da ist ein armer Fischer, der hat ein Mal nur dem gnädigen Herrn „zu nahe gefischt" und der Schösser fordert von ihm 10 silberne Schock als Buße. Spalatin ersucht er [5]), daß er eine Wandlung der Strafe durchsetze. „Nicht will ich ihn," schreibt er, „ungestraft haben, auf daß ein Exempel der Furcht und des Regi- mentes bleibe, sondern daß es eine Strafe sei, die ihm seine Nah-

1) Vgl. die Randbemerkung zu dieser Predigt in der Hauspostille. Nürn- berg 1545.
2) Briefe, de Wette 3, 247 f.
3) Ebenda 3, 86 (1526, 7. Januar).
4) Ebenda 3, 101 (1526, 14. April).
5) Ebenda 2, 206 (1522, 7. Juni).

rung nicht erbrücke. Ich wollte ihn in Kerker etliche Tage werfen oder Wasser und Brot lassen fressen acht Tage, damit man sehe, daß nur Besserung und nicht Berberbung gesucht würde." Da werden einem Berwandten des Reformators, Werner Bergk zu Salzungen, Zinse gehemmt im Henneberger Lande, „um etlicher ge= lauften Glockenspeise willen".[1]); da wird einem Eisenacher Bürger, Kaspar Schalbe, das Seine vorenthalten, weil eine Magd ihn in böses Gerücht gebracht hat[2]); da ist von Herzog Georg von Pom= mern ein evangelischer Prediger, Namens Amandus, als ein auf= rührerischer Mann gefangen gesetzt worden, obgleich die Stadt Stettin und die Prediger daselbst ihm das beste Zeugniß gaben[3]); da ist ein Prediger in Chursachsen, weil er in Ehesachen ein unvorsichtiges Urtheil gefällt hat, festgenommen worden[4]): der theure Gottesmann ergreift die Feder und bittet, da er nicht helfen kann, seinen Chur= fürsten Johann, daß er ein Einsehen habe. Wir wissen, wie schwer Karlstadt ihn gereizt hat, aber das hält ihn nicht ab, bei seinem gnädigen Herrn ein gutes Wort für denselben einzulegen, daß er, der unstät und der Theilnahme am Bauernkriege in hohem Grade ver= dächtig, um Orlamünde sein sollte, kommen und in Kemberg in Frieden wohnen darf[5]). Auch die Bauern hatten ihm das Leben redlich sauer gemacht: nichts bestoweniger ersucht er den Churfürsten, daß er einem armen Manne, Michael Koch, Bürger zu Mühlhausen, gnädiglich wieder zu dem Seinen helfe, denn er nun lange genug im Elend umgetrieben. „Nun aber Viele," heißt es in diesem Briefe[6]), „sind eingelassen und wieder eingekommen, die auch schuldig sind gewesen im Aufruhr: bittet er um Gottes willen, auch einzu= kommen, und erbeut sich auf das Höchste und Beste, er immer kann. Eure Churfürstliche Gnaden wollte sein Elend ansehen, und, wie es taugt, meiner Fürbitte genießen lassen: denn mich des armen Mannes sehr erbarmet." Die Liebe zu den Verlassenen ist so stark, daß er seinem Zorn gegen den Churfürsten Albrecht von Mainz ge= bietet und bei diesem unterthänig für Asmus Günthel, den Sohn

---

1) Briefe, be Wette 3, 184 (1527, 16. Juni).
2) Ebenda 3, (119) 162 (1527, 1. März).
3) Ebenda 3, 107 f. (1526, 26. April).
4) Ebenda 3, 242 (1527, 2. Dezember).
5) Ebenda 3, 28 und 137 (1525, 12. September und 1526, 22. Novbr).
6) Ebenda 3, 168 (1527, 29. April).

eines Eisleber Bürgers, der mit den Bauern in einem gestürmten Vorwerke gegessen und getrunken hatte, ein gutes Wort einlegt. „Eure churf. Gnaden,“ sagt er in seinem Schreiben [1]), „wolle ansehen, daß dieser Aufruhr nicht durch menschliche Hand oder Rath, sondern aus Gottes Gnaden gestillet ist, der sich unser aller und zuvor der Obrigkeit erbarmt hat, und wiederum auch gnädiglich und barmherziglich handeln mit den armen Leuten, wie denn das geistlicher Obrigkeit wohl anstehet und mehr gebühret denn weltlicher, auf daß damit Gottes Gnade erkannt und gedankt werde und vor der Welt bewiesen, daß man nicht Lust gesucht und begehrt hat. Denn sonst leider allzu Viele sind, die so grausamlich mit den Leuten umgehen und so undankbarlich gegen Gott handeln, als wollten sie muthwillig wiederum Gottes und der Leute Zorn und Unlust erwecken und auf sich laden, einen neuen und ärgeren Aufruhr zu stiften. Denn Gott hat bald ein Anderes zugerichtet, daß die ohne Barmherzigkeit umkommen, die nicht Barmherzigkeit erweisen.“

Daß Luther keinen Verlassenen zurückweise, das wußte der gewaltthätige Hans Kohlhase sehr gut, dem ein chursächsischer Edelmann, Günther von Zaschwitz, seine prächtigen Pferde als gestohlenes Gut abgenommen und so verdorben hatte, daß, als der Roßkamm sein gutes Recht nachwies, sie nichts mehr werth waren. Kohlhase forderte Entschädigung, der Junker wollte nichts davon wissen: der Churfürst von Brandenburg nahm sich seines Unterthanen an, der Churfürst von Sachsen versprach, dem armen Mann zu seinem Rechte zu verhelfen, allein die churfürstlichen Beamten wollten nicht an ihren Standesgenossen und zogen die Sache ungebührlich in die Länge. Leider griff der Beschädigte zur Selbsthülfe und raubte, brannte [2]), mordete in den sächsischen Landen, so daß eine heillose Furcht vor ihm entstand. „Luther seliger,“ so berichtet eine handschriftliche Märkische Chronik von Peter Hafftitius [3]), „hat in Erwägung und Beherzigung aller Umstände und zu Verhütung weiterer Ungelegenheit, so zu beiden Seiten daraus er-

---

1) be Wette 3, 16 (1525, 21. Juli).

2) Aus Luther's Briefen erfahren wir, daß er Schlieben (de Wette 5, 158. 1539, 2. Febr.), Marzahna (ebenda 5, 272. 1540, 5. März) niederbrannte und einen Müller ausraubte (ebenda 5, 170. 1539, 2. März).

3) Schöttgen, diplomatische und curieuse Nachlese der Historie von Ober-Sachsen. 3, 535 f.

wachſen könnte, an Kohlhaſen geſchrieben und verwarnet, von ſeinem
Vorhaben abzuſtehen, und hat ihm allerlei zu Gemüthe geführt,
was ihm darauf ſtünde und wie Gott ſeine Verletzung, wo er ihm
die Ehre und Rache nicht würde geben, wohl würde an den Tag
bringen und rächen. Darauf iſt Kohlhaſe unvermerkt gen Witten=
berg ſelbander reitend gekommen und im Gaſthofe eingekehrt, hat
ſeinen Diener in der Herberge gelaſſen und iſt auf den Abend vor
Dr. Luther's Thür gegangen, er klopfte an und begehrte, den Doktor
zur Sprache zu haben. Als aber der Doktor ſeinem Geſinde ſich
namhaftig zu machen und, was ſein Begehren wäre, zu entdecken,
ihm etliche Male ſagen laſſen, welches er nicht hat thun wollen,
und doch ſtark darauf gedrungen, er müßte den Doktor in eigener
Perſon zur Sprache haben, iſt's dem Doktor eingefallen, daß es
vielleicht Kohlhaſe ſein möchte, iſt deßhalb ſelbſt an die Thür gegangen
und hat zu ihm geſagt: biſt du es etwa, Hans Kohlhaſe? hat er
geantwortet: ja, Herr Doktor! Da hat er ihn eingelaſſen, heimlich
in ſein Gemach geführt, den Herrn Philippus, Cruciger, Major
und andere Theologen zu ſich berufen laſſen, da hat ihnen Kohlhaſe
den ganzen Handel berichtet und ſind ſpäte bei ihm in die Nacht
geblieben. Des Morgens früh hat er dem Doktor gebeichtet, das
hochwürdige Sakrament empfangen und ihnen zugeſagt, daß er von
ſeinem Vornehmen wollte abſtehen und dem Lande zu Sachſen keinen
Schaden hinfort zufügen, welches er auch gehalten. Iſt alſo uner=
kannt und unvermerkt aus der Herberge geſchieden, weil ſie ihn ge=
tröſtet, ſeine Sache befördern zu helfen.“ Leider war das nicht
ſo leicht und ſchnell zu bewerkſtelligen: Kohlhaſe wollte ſich nicht
länger gedulden und verfiel ſeinem Schickſale.

4. Wie Luther die Irrenden zurechtwies.

Mit Leuten, welche irrige Meinungen hegten und ein irrendes
Gewiſſen in ſich trugen, überhaupt mit Leuten, welche das Rechte
nicht treffen konnten, unſicher herumtaſteten oder gar einen ganz
falſchen Weg eingeſchlagen hatten, hat der Reformator Zeit Lebens
außerordentlich viel zu thun gehabt. War doch die That, womit er
ſein reformatoriſches Wirken begann, ein Zurechtweiſen der Ir=
renden! Wir betrachten meiſtentheils den Anſchlag der 95 Theſen
über den Ablaß an die Thüre der Schloßkirche zu Wittenberg,

welcher zu Mittag des ewig denkwürdigen 31. Oktobers 1517 statt-
fand, als die erste Glaubensthat des Reformators. Ganz richtig ist
das schwerlich. Luther hat sich nicht zum Reformator aufgeworfen,
er ist nach Gottes Fügung durch seine Gegner von Schritt zu
Schritt weiter gedrängt und tiefer in die Wahrheit hineingeführt
worden, und was er in jenen 95 Thesen der gelehrten Welt sagte,
das hatte er vorher schon in dem Beichtstuhle seinen Wittenbergern
gesagt. Das hatte er ihnen sagen müssen, um sich nicht fremder
Sünde theilhaftig zu machen und sie nicht durch seelengefährlichen
Irrthum in die Grube des Verderbens blindlings rennen zu lassen.
Hören wir, was ein Freund und Zeitgenosse Luther's, der schon er-
wähnte Mykonius wahrheitsgetreu berichtet [1]). „Im Jahre 1517
kamen Etliche mit gelösten Ablaßbriefen zu Dr. Martinus zu Wittenberg und beichteten ihm auf ihre Gnade. Und als sie grobe
Grumpen vorgaben und sich hören ließen, daß sie von Ehebruch,
Wucherei, Hurerei, ungerechtem Gut, und dergleichen Sünde und
Bosheit nicht ablassen wollten, da wollte sie, weil keine rechte Buße
und Besserung angegeben wurde, der Doktor nicht absolviren. Da be-
riefen sich die Beichtkinder auf ihre Papstsbriefe und Tetzel'sche
Gnade und Ablaß. Daran wollte sich Martinus nicht kehren und
berief sich auf den Spruch: wo ihr nicht Buße thut, werdet
ihr alle also umkommen. (Luk. 13, 5.) Und als er sie nicht
absolviren wollte, da gingen sie wiederum zu Tetzeln und klagten
ihm, wie dieser Augustinermönch auf ihre Briefe nichts geben
wollte. Tetzel war zu Jüterbog, welcher Ort damals unter den
Erzbischof von Magdeburg gehörte, und ward über solche neue
Zeitung zornig, wüthet, schilt und flucht gräulich auf den Predigt-
stuhl und drohet feindlich mit den Ketzermeistern, das waren dieser
Zeit die Predigermönche. Und damit er einen Schrecken machte,
ließ er etliche Male in der Woche ein Feuer auf dem Markte anzünden, und wies damit, wie er vom Papst Befehl hatte, die Ketzer,
die sich wider den allerheiligsten Vater, den Papst, und seinen allerheiligsten Ablaß setzten, zu verbrennen." Daß Luther, als er in
dem Beichtstuhl von dem ganzen Ablaßhandel nichts wissen wollte
und in Folge der Angriffe, welche er von dem Ablaßprediger Tetzel

---

1) Myc. hist. reformationis von Cyprian 1718 p. 21. Tentzel, monatl.
Unterredungen 1697, S. 902. Vogel, Tetzel 276.

erfahren hatte, mit jenen 95 Thesen an die Oeffentlichkeit hervor-
trat, seine ganze Stellung, ja sein Leben auf das Spiel setzte, ist
eine allgemein zugestandene Thatsache: er wußte das auch, aber er
wußte auch, daß man der reinen, lautern Lehre nichts vergeben
dürfe und daß er sowohl, als auf die heilige Schrift vereidigter
Doktor der Theologie, die Pflicht habe, Alles zur Aufrechterhaltung
und Vertheidigung des Wortes Gottes zu wagen, wie auch, als or-
binirter Priester und berufener Seelsorger, die Irrenden, die in
schweren Irrthum Verführten zurechtzuweisen habe. Der Reformator hatte ein Gewissen und die Reformation ist die That eines
guten Gewissens gegen gewissenloses Vergeben der Sünde.

Luther's ganzes reformatorisches Wirken läßt sich unter den einen
Gesichtspunkt stellen, daß er die Irrenden zurechtwies. Er wies
die Irrenden zu dem einigen Mittler zwischen Gott und den
Menschen, der allein Macht hat, Sünden zu vergeben und von dem
Tod zu dem Leben zu verhelfen; er wies die Irrenden, welche in der
Wüste zu löcherichten Brunnen getrieben worden und verschmachtet
da lagen, zu dem Brunnen der heiligen Schrift und lehrte sie, mit
der Hand des Glaubens das Wasser des Lebens aus demselben
schöpfen und trinken. Allein ich kann und will hier nicht auf diese
reformatorische Thätigkeit eingehen, denn die Seelsorge hat es mit
der einzelnen Person zu thun, während die Predigt um die Seligkeit
der Seelen in der Gemeinde sich bemüht. Der große Reformator
verlor über der ganzen Christenheit, über den vielen evangelischen
Gemeinden, für welche er sorgte, nie die einzelne Seele aus dem
Gesichte: er wartete auch nicht ab, daß er um seinen seelsorgerlichen Rath angegangen wurde, was unzählige Male geschah,
und ihm außerordentlich viel Mühe und Arbeit kostete, sondern, wo
er Anlaß und Gelegenheit fand, da griff er mit fester, geschickter,
entschlossener Hand ein. Er hatte helle Augen und diese blickten
nach Oben und nach Unten. Hohen Herren und geringen Leuten
trat er ohne Unterschied nahe und wies sie, auch ungebeten, zurecht,
wenn sie irrten. Der Graf Albrecht von Mansfeld ist keine ganz
unbekannte Persönlichkeit aus der Reformationsgeschichte. Er über-
fiel als der Erste in Thüringen mit Glück die aufrührerischen
Bauern in Osterhausen und hatte sich schon 1518 so entschieden
der neuen Lehre zugewandt, daß er durch Johann Lange, den bekannten Augustinerprior zu Erfurt, Luther vor Nachstellungen ge-

wisser Großen warnen ließ[1]). Im Laufe der Zeiten gerieth der Graf aber auf falsche Bahnen: er fing an, an dem Glauben irre zu werden und die Liebe zu den Nächsten ganz zu verleugnen. Mit Bedauern vernahm das Luther und wies den edlen, wohlgebornen Herrn Albrecht, Grafen zu Mansfeld, seinen gnädigen und herzlieben Landesherrn, in folgendem Sendschreiben zurecht[2]).

„Gnade und Friede in dem Herrn und mein arm Vater=Unser. Gnädiger Herr, ich bitte ganz herzlich, Ew. Gnaden wollten diese meine Schrift ja christlich und gnädiglich vernehmen. Es wissen Ew. Gnaden, wie ich der Herrschaft zu Mansfeld Landkind bin, auch bis daher mein Vaterland natürlich lieb gehabt, wie denn auch aller Heiden Bücher sagen, daß ein jeglich Kind sein Vaterland natürlich lieb hat: über das, so hat Gott durch Ew. Gnaden im Anfange des Evangeliums viel lobwürdige Thaten ausgerichtet, die Kirchen und Predigtstühle, auch die Schulen zu Gottes Lob und Ehren fein bestellt und in der Bauern Aufruhr Ew. Gnaden trefflich und herrlich gebraucht, daß ich auch aus solchen und andern mehr Ursachen Ew. Gnaden nicht kann also leichtlich vergessen oder aus meiner Sorge und meinem Gebet lassen. Aber mir kommt vor, zumal durch viel Plaudern und Klagen, wie Ew. Gnaden sollten von vorigem Anfang abfallen und viel anders geworden sein, welches mir, wie ich (dafür) halte, Ew. Gnaden wohl glauben werden, sehr ein groß Herzeleid sein würde für Ew. Gnaden Person. Denn also wird man jetzt plaudern wider den christlichen Glauben, wie ich selbst oft gehört: was Evangelium? Ist's versehen, so muß es also ergehen; laßt uns thun, was wir thun; sollen wir selig werden, so werden wir selig u. s. w. Solches soll jetzt heißen große Klugheit und Weisheit, wiewohl wir Theologen zuvor oder Gott selbst solches auch wissen; und wo Ew. Gnaden in diesen Gedanken oder Anfechtungen stecken, so wäre es mir von Herzen leid, denn ich etwa auch darinnen gesteckt, und wo mir Dr. Staupitz, oder vielmehr Gott durch Dr. Staupitz nicht herausgeholfen hätte, so wäre ich darinnen ersoffen und längst in der Hölle. Denn solche teuflische Gedanken machen zuletzt, wo es blöde Herzen sind, verzweifelte Leute, die an der Gnade Gottes verzagen; oder sind sie kühn und muthig, werden

---

1) Briefe, de Wette 1, 129.
2) Ebenda 5, 512 ff.

sie Gottesverächter und Feinde, sagen: laß hergehen, ich will thun, was ich will, ist's doch verloren.

Aber wie gern wollte ich mündlich mit E. G. reden, denn mir ist aus der Maßen leid für E. G. Seele, weil ich E. G. nicht so leicht achte, als die verdammten Heinzen und Meinzen [1]), und doch ja mit der Feder nicht so wohl kann geredet werden. Doch kurz davon zu schreiben, gnädiger Herr, ist's ja die Wahrheit, was Gott beschlossen, das muß gewißlich geschehen, sonst wäre er ein Lügner in seiner Verheißung: darauf wir unsren Glauben setzen müssen, oder schänblich fehlen, das ist unmöglich. Aber hie ist gleichwohl der große Unterschied zu halten, nämlich was uns Gott offenbart, verheißen oder geboten hat, das sollen wir glauben und uns darnach richten, daß er nicht lügen werde. Aber was er uns nicht geoffenbart oder verheißen hat, das sollen wir, ja können wir auch nicht wissen, viel weniger darnach richten: und wer sich damit viel will bekümmern, der versuchet Gott, indem daß er lässet fahren das, das ihm zu wissen und zu thun befohlen ist, und gehet damit um, das ihm zu wissen und zu thun nicht befohlen ist. Daraus müssen denn wohl solche Leute werden, die nichts nach Gottes Wort oder Sakrament fragen, begeben sich dahin in wildes Leben, zum Mammon, Tyrannei und allerlei wüstem Leben. Denn sie können vor solchen Gedanken keinen Glauben, keine Hoffnung noch Liebe zu Gott oder den Menschen haben, als den sie verachten, weil sie nicht wissen sollen, was er heimlich gedenkt; so er sich doch so reichlich offenbart in Allem, das ihnen nützlich und seliglich ist, davon sie sich muthwillig wenden. Kein Mensch kann leiden, daß sein Knecht nicht eher wollte sein befohlen Amt ausrichten, er wüßte denn zuvor alle heimliche Gedanken seines Herrn über alle seine Güter. Und Gott sollte nicht deßgleichen Macht haben, etwas Heimliches zu wissen über das, das er uns befiehlt? E. G. denken doch, wo man sich sollte richten nach solchen Gedanken der heimlichen Gerichte Gottes: warum läßt er seinen Sohn Mensch werden, warum stiftet er Vater- und Mutterstand, warum ordnet er weltlich Recht und Obrigkeit? was bedarf es mehr, soll's geschehen, so geschieht's wohl ohne solches Alles, was

---

1) Bei den Heinzen haben wir an Heinrich, König von England, und an Heinrich, Herzog von Braunschweig, zu denken; unter dem Andern ist jeden Falls der Churfürst Albrecht von Mainz verstanden.

soll uns dann der Teufel, die hl. Schrift und alle Kreatur? will er
es thun, so kann er es wohl ohne das Alles thun. Aber es heißt,
er will seinen Rath, nunmehr geoffenbart, durch uns als Mitarbeiter
1 Kor. 3 vollbringen: darum sollen wir ihn lassen machen, uns
damit nicht bekümmern, sondern thun dasjenige, das uns befohlen
ist. Also spricht auch Salomo Proverbien 25: wer die Majestät
will forschen, der wird überfallen werden[1]), und Sirach
am Dritten (V. 22 u. 23): verstehe nicht, was zu hoch ist,
sondern denke, was dir befohlen ist, und da die Jünger
Act. 1 den Herrn fragten, ob er jetzt würde Israels Reich aufrichten, spricht er: es gebühret euch nicht zu wissen Zeit
oder Stunde, die mein Vater sich vorbehalten hat,
sondern gehet hin und seid meine Zeugen (V. 7 u. 8).
Als sollte er sagen: laßt meinen Vater und mich sorgen, was geschehen soll; gehet ihr hin und thut, was ich euch heiße. Demnach
bitte ich E. G. ganz herzlich, E. G. wollen sich nicht entziehen vom
Wort und Sakrament, denn der Teufel ist ein böser Geist, E. G.
viel zu listig, wie auch allen Heiligen, geschweige denn allen Menschen,
wie ich auch wohl erfahre, wenn ich gleich kaum einen Tag mich
versäume; denn es wird der Mensch kalt und je länger, je mehr;
und wenn schon keine Frucht mehr da wäre, so wäre das genug,
daß dennoch der Teufel zur selbigen Stunde weichen muß und dem
Herzen eine Hitze zukommen lassen. So fühlen E. G. selbst wohl,
wie sie bereits kalt und auf den Mammon gerathen, gedenken sehr
reich zu werden, auch, wie die Klagen gehen, die Unterthanen allzu
hart und zu scharf drücken, sie von ihren Erbfeuern und Gütern
zu bringen und schier zu eigen zu machen gedenken, welches Gott
nicht leiden, oder, wo er's leidet, die Grafschaft zu Grunde wird ver-
armen lassen, denn es ist seine Gabe, daß er leicht wieder nehmen
kann und keiner Rechnung gefangen ist, wie Haggai sagt (1, 6):
ihr sammelt viel, aber ihr macht den Beutel löcherich,
und blaset in's Getreide, daß ihr doch nichts behaltet.
Ich habe von Etlichen hören sagen, daß sie wollen in Deutschland ein Regiment anrichten, wie in Frankreich: ja, wenn es auch
gefragt würde, ob's recht und vor Gott gefällig wäre, das wollte ich
loben. Man sehe auch daneben, wie das Königreich zu Frankreich,

---

1) Nach der Vulgata (V. 27), der alten lateinischen Bibelübersetzung.

das vor Zeiten ein golden, herrlich Königreich gewesen, jetzt so gar
nichts weder an Gütern noch Leuten ist, daß es aus dem goldenen.
Königreich ein blechern Königreich ist worden und nun den Türken
zum Freunde angerufen hat, daß zuvor das christliche Königreich
berühmt wurde. So geht es, wo man Gott und sein Wort verachtet.

Solches schreibe ich, als ich denke, E. G. zur Letze (Erquickung),
denn mir das Grab nun näher ist, als man vielleicht gedenkt; und
bitte wie vorher, daß E. G. sanfter und gnädiger wollten mit E. G.
Unterthanen umgehen, sie lassen bleiben, so werden E. G. auch
bleiben durch Gottes Segen, beide hier und dort[1]). Sonst werden
sie alles beides verlieren und es wird gehen, wie die Fabel Aesops
sagt von dem, der die Gans aufschneidet, die ihm alle Tage ein
golden Ei gelegt, verlor damit das goldne Ei mit Gans und Eier-
stock, und wie der Hund in Aesop, der das Stück Fleisch verlor
im Wasser, da er nach dem Schein schnappte. Denn gewißlich ist
wahr: wer zuviel haben will, der kriegt das Wenigste, davon Salomo
in den Sprichwörtern viel schreibt. Summa, es ist mir zu thun
um E. G. Seele, die ich nicht kann leiden aus meiner Sorge und
Gebet verstoßen zu sein, denn das ist bei mir gewiß aus der Kirche
verstoßen sein. Dazu zwingt mich nicht allein das Gebot christlicher
Liebe, sondern auch das schwere Drohen Ezechiel 3, damit Gott uns
beladen hat, daß wir sollen um fremder Leute Sünde willen verdammt sein. Denn er spricht (V. 18): wirst du dem Sünder
seine Sünde nicht sagen und er stirbt darüber, so will
ich seine Seele von beinen Händen fordern, denn darum
habe ich dich zum Seelsorger gesetzt.

Darum werden mir E. G. solche Ermahnung wohl wissen zu
gut zu halten, denn ich um E. G. Sünde willen mich kann nicht
lassen verdammt sein, sondern suche sie vielmehr, mit mir selig zu
machen, wo es mir immer möglich ist. Sonst bin ich hiemit vor
Gott wohl entschuldigt. Hiemit dem lieben Gott in allen Gnaden
und Barmherzigkeit befohlen. Am Tag der unschuldigen Kindlein
anno 1542.   Ew. Gnaden
                                    williger und treuherziger
                                    Martinus Luther D."

1) Vgl. zu Albrecht's Absichten Briefe, de Wette 5, 257.

Wie Luther sich des verlassenen Hans Kohlhase annahm, habe ich in dem letzten Kapitel schon mitgetheilt. Hafftitius erzählte uns, daß derselbe dem gewaltthätigen Roßkamme eine Verwarnung habe zugehen lassen. Ein Brief an einen Ungenannten befindet sich in Luther's Werken, in welchem von der Selbstrache abgemahnt wird: de Wette theilt mit[1]), daß in einem Wolfenbüttler Codex dabei vermerkt sei, daß er an Kohlhase gerichtet gewesen sei, was recht gut der Fall gewesen sein kann. „Gnade und Friede in Christo," lautet er. „Mein guter Freund, es ist mir fürwahr euer Unfall leid gewesen und noch, das weiß Gott, und wäre wohl zuerst besser gewesen, die Rache nicht vorzunehmen, dieweil dieselbe ohne Beschwerung des Gewissens nicht vorgenommen werden mag, weil sie eine selbsteigne Rache ist, welche von Gott verboten ist Deuter. 32 (B. 35), Röm. 12 (B. 19): die Rache ist mein, spricht der Herr, ich will vergelten u. s. w., und nicht anders sein kann, denn wer sich darein begibt, der muß sich in die Schanze geben, viel wider Gott und Menschen zu thun, welches ein christlich Gewissen nicht kann billigen.

Und ist ja wahr, daß euch euer Schaden und Schimpf billig wehe thun soll, und schuldig seid, dieselbige (eure Ehre) zu retten und zu erhalten, aber nicht mit Sünden oder Unrecht. Was gerecht ist, sollst du auf gerechte Weise ausrichten, sagt Moses: Unrecht wird durch ander Unrecht nicht zurecht gebracht. Nun ist Selbstrichtersein und Selbstrichten gewißlich unrecht und Gottes Zorn läßt es nicht ungestraft. Was ihr mit Recht ausführen möget, da thut ihr wohl: könnt ihr das Recht nicht erlangen, so ist kein andrer Rath da, denn Unrecht leiden. Und Gott, der euch also läßt Unrecht leiden, hat wohl Ursach zu euch. Er meint es auch nicht übel noch böse mit euch, kann auch solches wohl reblich wieder erstatten in einem Andern und seid darum unverlassen.

Und was wolltet ihr thun, wenn er wohl anders wollte strafen an Weib, Kind, Leib, Leben? Hie müsset ihr dennoch, so ihr ein Christ sein wollt, sagen: mein lieber Herr Gott, ich hab's wohl verdient, du bist gerecht und thust nur allzu wenig nach meinen Sünden. Und was ist unser aller Leiden gegen seines Sohnes, unsers Herrn Jesu Christi, Leiden?

Demnach, so ihr meines Raths begehret, wie ihr schreibt, so

---

[1] Briefe 4, 567.

rathe ich, nehmt Friede an, wo er euch werden kann, und leidet lieber an Gut und Ehre Schaden, denn daß ihr euch weiter sollt begeben in solch Vornehmen, darin ihr müßt aller derer Sünden und Büberei auf euch nehmen, so euch dienen würden zur Fehde: die sind doch nicht fromm und meinen (lieben) euch mit keinen Treuen, sondern suchen ihren Nutzen. Zuletzt werden sie euch selbst verrathen, so habt ihr denn wohl gefischt. Malet ihr ja nicht den Teufel über die Thüre und bittet ihn nicht zu Gevatter, er kommt dennoch wohl: denn solche Gesellen sind des Teufels Gesindlein, nehmen auch gemeiniglich ihr Ende nach ihren Werken.

Aber euch ist zu bedenken, wie schwerlich euer Gewissen ertragen will, so ihr wissentlich sollet so viel Leute verderben, da ihr kein Recht zu habt. Setzt ihr euch zufrieden, Gott zu Ehren, und lasset euch euren Schaden von Gott zugefügt sein und verbeißt es um seinetwillen: so werdet ihr sehen, er wird wiederum euch segnen und eure Arbeit reichlich belohnen, daß euch lieb sei eure Gebuld, so ihr getragen habt. Dazu helfe euch Christus, unser Herr, Lehrer und Exempel aller Gebuld und Helfer in Noth, Amen. Dienstag nach Nikolai (8. Dezember) 1534.“

Während der Graf Albrecht von Luther sich zurechtweisen ließ und in gutem Alter in Frieden entschlief, nahm Kohlhase leider den seelsorgerlichen Rath nicht an und hörte dafür auf den Rath Georg Nagelschmieds, seines Spießgesellen, der ihn auf das Rad brachte.

Es konnte nicht anders sein, daß gerade in der Reformationszeit die Frage, ob die Fürsten Deutschlands auch Macht hätten, gegen den Kaiser sich zur Wehre zu setzen, die Geister lebhaft beschäftigte, machte Karl V. doch mehrfach Miene und Anstalten, um mit Gewalt die Predigt des Evangeliums zu dämpfen und die evangelische Kirche zu unterdrücken. Luther wurde deßhalb von Vielen, die sich nicht zu rathen und zu entscheiden wußten, um seinen treuen Rath angegangen. Seine gesunden Gedanken, legt er in einem kurzen Brief an Wenzel Link, Pfarrer zu Nürnberg, nieder[1]). „Daß ihr nächst geschrieben und gebeten habt, euch zu berichten, ob es wahr sei, daß wir sollen gerathen haben, daß man dem Kaiser Widerstand thun möge, wie euch zugeschrieben wäre, hierauf gebe ich euch zu erkennen, daß wir's in keinem Wege gerathen haben. Aber da

---

1) Briefe, de Wette 6, 127 und 4, 212.

Etliche waren, die da sagten, diese Dinge gingen die Theologen nicht
an, man sollte sie auch darum nicht fragen, noch sie sich's annehmen,
sondern die Juristen: die sagten, man möchte sich wehren. Ich sagte
für mich und meine Person: ich rathe es nicht als ein Theologus,
aber wenn die Juristen könnten aus ihren Rechten anzeigen und
beweisen, daß es recht sei, da mögen sie zusehen und es verantworten.
Denn so der Kaiser das in seinem Recht verordnet hat, daß man
ihm in diesem Falle möge widerstehen, so nehme er auch für gut
und leide das Recht, das er gegeben, gesetzt oder bestätigt und be-
willigt hat, allein, daß ich's nicht rathe und urtheile von diesem
Rechte, so die Gegenwehr erlaubt und zuläßt, sondern bleibe in
meiner Theologie. Das habe ich gerne nachgelassen und habe kein
Hehl, daß ein Fürst und Regent sei eine weltliche Person, und was
er also thut, das einer Obrigkeit gebühret und die Rechte ordnen,
dasselbe thut er nicht als ein Christ, welcher weder ein Fürst,
Obrigkeit, Mann, noch der Personen eine ist, so in der Welt sind.
So nun eine Obrigkeit als eine Obrigkeit dem Kaiser widerstehen
und sich und ihre Unterthanen schützen mag vor unrechter Gewalt,
darüber mögen sie richten, ich lasse sie es walten und verantworten
auf ihr Gewissen. Wahrlich einem Christen gebührt es nicht, als
der der Welt abgestorben ist und mit Welthändeln gar nichts zu
schaffen hat, noch damit umgeht.

So viel ist bisher geschehen und das möget ihr dem Herrn
Lazarus [1]) anzeigen von meiner Meinung, was ich gesinnt bin, wiewohl ich sehe und merke, da wir gleich mit allen Kräften dawider
sind und hoch schreien, daß sie es so tief in's Herz gebildet, vorgenommen und beschlossen haben, daß sie sich wehren und ungejagt
und ungeschlagen sein wollen. Ich predige und sage, was ich will,
so ist's umsonst. Gott wird bei uns sein und helfen, daß es nicht
noth sei, zu widerstehen, wie er denn gewißlich uns beisteht und mit
der That beweist, denn er hat zu Nichte gemacht, was auf diesem
Reichstag beschlossen ist, daß sie noch bisher nichts wider uns vorgenommen haben, das wird er forthin auch thun. Aber der Glaube
ist nicht Jedermanns Ding. Damit tröste ich mich selbst, daß, so
sie unsrem Rathe ja nicht folgen werden, sie weniger daran sün=

---

1) Ohne Zweifel ist der treffliche Nürnberger Stadtschreiber Lazarus
Spengler gemeint.

bigen und sicherer handeln, wenn sie nach geschriebenen kaiserlichen Rechten was vornehmen, und indeß glauben und nicht zweifeln, daß sie darin wider die Schrift und Gottes Wort nichts thun, weil sie wider geschrieben Recht nichts vornehmen noch handeln. So lasse ich sie es machen, ich bin frei. Anno 1530 im Wintermond." Unentwegt hielt er an diesem Grundsatz fest, „daß ein Christ nicht soll widerstehen, sondern Alles leiden, auch den Behelf nicht vorwenden: es ist erlaubt Gewalt mit Gewalt zu vertreiben" [1]). Aber er vergißt nicht hinzuzufügen: „haben darüber der Juristen Rechte, daß ein Christ, nicht als ein Christ, sondern als ein Bürger oder Glied eines bürgerlichen Gemeinwesens, möge widerstehen, das lassen wir geschehen" [2]).

Ein Irrthum, dem kanonischen Rechte entstammend, bedrohte damals die Grundfeste des Hauses in der bedenklichsten Weise: ich meine das geheime Verlöbniß. Hinter dem Rücken ihrer Eltern verlobten sich vielfach die jungen Leute und dieses Verlöbniß, welches die Autorität der Eltern auf das Tiefste beschädigte und aller kindlichen Pietät gegen Vater und Mutter Hohn sprach, ward als bindend, als eine rechtsgültige Ehe abschließend anerkannt. Dem Reformator waren diese heimlichen Verlöbnisse ein Gräuel. Wie eine eherne Mauer stand er da, welche so oft, als Jemand unversehens an sie stößt, einen lauten, hellen, lange nachzitternden Klang gibt. Hoch erhebt sich Luther in diesem Punkte über seine Zeit, das beweist vor Allem jener gewaltige Brief [3]), welchen er an das Wittenberger Consistorium Ende Januar 1544 richtete. Wie weist er das irrende Consistorium, in dem sein lieber Bugenhagen selbst saß, als ein rechtschaffner Seelsorger zurecht! „Erstlich," bemerkt er S. 619, „wäre ich zwar der Unlust lieber überhoben gewesen, aber weil ich es auf mein Gewissen als ein Seelsorger in dieser Kirche nicht habe können nehmen, hab' ich mich wider des Consistorii Urtheil setzen müssen von meines Amtes wegen. Und ob ich's hätte lassen hingehen können, daß so viel Sünde in dem Handel und den Akten begangen, da so viel Lügen, Meineide und verdächtige Praktiken geschehen, daß mich's erbarmt, daß man zu dieser Zeit zum Recht ohne viel Unrecht und

---

1) Briefe, de Wette 4, 233.
2) Ebenda.
3) Ebenda 5, 618 ff.

Sünde nicht kommen kann, ohne was der Verzug noch Schaden und Unrecht thut, da des Rechtens kein Ende werden kann und gefährlich geworden ist, ein frommer Jurist zu sein; so hat mich doch dieß Stück bewogen, daß solch Urtheil gelangen wollte zu einer Verwirrung und Perplexität des Gewissens. — Aber die andre und rechte Ursach ist diese, daß es Alles mit einander zu Hauf, nämlich beider Theile heimlich Verlöbniß sammt den Alten auch des Consistorii Urtheil eitel Teufelsgespinnst und Getriebe ist, dahin gerichtet, daß der leibige Papst mit seinen Gräueln der Verwüstung wieder in unsrer Kirche sitzen möge und zuletzt ärger werden, denn vorhin, ehe er ausgetrieben ward. Hie war mir's Zeit aufzuwachen und drein zu sehen. Denn da unser Consistorium gewußt oder je gewußt sollte haben, wie es um das heimliche Verlöbniß in unsrer Kirche gethan ist, sollte es billig sich anders erzeigt haben, nämlich das heimliche Verlöbniß verdammt, den Handel nicht lassen in die Alten kommen, viel weniger ein Urtheil darüber sollte gesprochen haben, solches Teufelswerk unsrer armen Jugend in einem bösen, starken Exempel zu bestätigen. Es kann ja ein heimlich Verlöbniß Anderes nichts sein denn des Teufels Geschäft, durch den Gottesfeind und Seelenmörder, den Papst, gestiftet, wie Daniel von ihm geweißsagt hat, daß er sich über und wider Gott setzen und alle Gottesordnung gräulich zerstören würde, als Kirchenregiment, weltlich Regiment, Hausregiment. Also hat er in diesem Stück auch das vierte Gebot Gottes aufgehoben, den Kindern erlaubt und sie gelehrt, den Eltern ungehorsam zu sein, sich selbst den Eltern zu stehlen und zu rauben durch heimlich Verlöbniß, damit den Eltern ihre Ehre und Macht über ihre Kinder und ihre Güter, von Gott gegeben und befohlen, zu Nichte gemacht, dazu solche gräuliche Sünde wider Gott und die Eltern für ein gut, köstlich Werk gelobt und belohnt, als dem, der der Mensch der Sünde ist und das Kind des Verderbens, wohl geziemet. Darüber die Eltern hoch betrübt, etliche auch wohl durch Grämen getödtet, wie neulich und gar nahe Magister Philippus (Melanchthon) hätte geschehen können, da ich mit Macht wehren mußte, daß er nicht übereilt in seines Sohnes Verlöbniß willigte, denn er zuvor über der Tochter Verlöbniß gleichfalls betrübt war und klagte, daß ihm seine Kinder so jämmerlich gestohlen würden und wo er's mit dem Sohne versehen, hernach, wenn die Reue gekommen wäre, sich abermals zu Tode gegrämt hätte. Weil wir nun

wissen aus Gottes Gnaden durch sein heilsam Wort, was heimlich
Verlöbniß ist, nämlich ein Teufelswerk, ein schändlicher Ungehorsam
wider Gott und die Eltern, ein solcher großer Dieb und Räuber,
der mir nicht allein Geld und Gut, sondern mein liebstes Kleinod
auf Erden, meine Tochter oder meinen Sohn, der vielleicht einziger
Sohn oder Tochter ist, so böslich stiehlt, raubt und wegreißt, dazu
ein Mörder und Stöcker ist der Eltern: soll man, wo es erfahren
wird, daß zwischen den Parten ein heimlich Verlöbniß ist, sie heißen
mit aller Macht stillschweigen, sie scharf schelten, nicht lassen vor
Gericht kommen, sondern vor allen Dingen Alles ad integrum re=
stituiren, dem Vater seinen Sohn, durch Verlöbniß gestohlen und
geraubt, wiedergeben und frei machen, die Tochter auch also, das
Verlöbniß zerreißen und verdammen, wie es vor Gott verflucht und
verdammt ist, so darf man des Jammers nicht, den der Teufel durch
heimlich Verlöbniß sucht und anrichtet. Man darf nicht Läuse in den
Pelz setzen noch den Kindern erlauben oder sie lehren, ungehorsam zu
sein; sie thun das ohnehin schon mehr, als es Gott und uns lieb
ist. Einen Dieb, der zehn oder zwanzig Florin stiehlt, henket man;
und diesen Dieb, der mir mein Kind stiehlt und mich zu Tode mar=
tert, soll ich noch feiern als einen Wohlthäter und Heiligen, dazu in
meine Güter setzen, die mir sauer geworden sind, damit solche Bos=
heit, an mir begangen, ja herrlich belohnt und geehret werde. Dank
habe du, heiligster Papst, für deine gute Lehre! Dank müssen haben
solche päpstische Juristen, mit welchen wir gar kein wollen haus=
halten in der Kirche Christi, wenn sie wollen brechen, was wir
bauen, und bauen, was wir brechen!" So stark als Luther für die
Gewalt der Eltern ihren Kindern gegenüber eintritt, so eindringlich
aber weiß er auch, den Eltern zu Gemüthe zu führen, daß ihre
Macht keine unumschränkte ist. Der Sohn einer Wittwe zu
Stolberg, der Ursula Schneiderin, hatte einer Wittenberger Jungfrau
seine Liebe erklärt und war nach Hause gereist, um die Einwilligung
seiner Mutter zu holen. Die Frau Schneiderin, welche Luther's
„Gutdünken vernommen" hatte, schickte nicht, wie er verhofft, eine
gute Antwort: der Sohn kehrte auch nicht zurück. Da ermahnte
der Reformator die Mutter, ohne Umstände einzuwilligen [1]. „Weil
aber die Metze ihm so sehr gefällt und ihm seines Standes nicht

---

[1] Briefe, de Wette 5, 196 (1539, 4. Juni). Vgl. noch 2, 511.

ungleich, dazu ein fein, fromm Kind, ehrlichen Herkommens: so dünket mich noch, ihr möget wohl zufrieden sein, weil er sich kindlich gebemüthigt und um diese Metze gebeten hat, wie Simson that: derhalben euch hinfort gebühren will, als einer lieben Mutter, ihren Willen drein zu geben. Denn wiewohl wir geschrieben haben [1]), daß ohne der Eltern Willen die Kinder sich nicht sollen verloben, so haben wir dabei auch geschrieben, daß die Eltern nicht sollen noch mit Gott können die Kinder zwingen oder hindern nach ihrem Gefallen. Es soll ja der Sohn seinen Eltern ohne ihren Willen keine Tochter bringen, aber der Vater soll auch dem Sohn kein Weib aufzwingen. Sie sollen beiderseits dazu thun. Sonst wird das Weib des Sohnes müssen des Vaters Tochter werden ohne seinen Dank."

Wie Luther sich bemühte, das Verhältniß zwischen Eltern und Kindern richtig zu stellen, so war er, welcher in seinen Briefen vielfach scherzend von seinem Herrn Käthe redet, nicht gesonnen, das Weib als des Mannes Haupt zu dulden. Das wußte Stephan Roth, Stadtschreiber von Zwickau, und schickte deßhalb sein Weib, die ihm nicht unterthan sein wollte, ihm zu, daß er ihr den Kopf zurecht setze. Die Frau war klug, merkte des Gatten Absicht und kam nicht zu Luther; dieser wusch nun aber tüchtig dem feigen Ehemann den Kopf [2]). „Gnade und Friede in Christo, zugleich mit gebührender Gewalt über dein Weib. Noch nicht ist zu mir deine Herrin und Gebieterin gekommen, mein Stephan, welcher ihr Ungehorsam gegen dich mir wenig gefällt. Zudem fange ich auch dir zu zürnen an, daß du durch die Weichheit deines Sinnes, und nicht mit dem Gehorsam eines Christen, mit welchem du ihr helfen mußt, diese Herrschaft hast zu Stande kommen und groß werden lassen, daß es nunmehr den Anschein hat, du trügst die Schuld, daß jene so sich gegen dich alles herausnimmt. Wahrlich, da du merktest, daß der Esel vom Futter wollte übermüthig werden, das ist, daß deine Frau durch deine Nachsicht und Nachgibigkeit trotzig würde, solltest du bedacht haben, daß man Gott mehr gehorchen muß, als seinem Weibe, das ist, daß die Autorität des Mannes, welche, wie St. Paulus sagt, Gottes Ehre ist, von ihr nicht verachtet und mit Füßen getreten werden dürfe. Es ist genug, daß diese Ehre Gottes

---

1) Vgl. von Ehesachen 1530.
2) Briefe, de Wette 3, 302. 6, 93 (1528, 12. April).

bis dahin sich entäußere, daß sie die Gestalt eines Knechtes an-
nimmt: aber es ist zuviel, wenn sie ganz aufgehoben, ausgelöscht
und zu Nichte wird. Siehe deßhalb zu, daß du ein Mann bist und
die Schwachheit deines Weibes so trägst, daß du ihre Bosheit nicht
stärkst und, während du zu sehr Knecht bist, die Ehre Gottes, welche
in dir ist, verunehrest, durch ein Beispiel, gefährlich genug. Leicht
kann man aber unterscheiden, was Schwachheit und was Bosheit
ist. Wenn es Schwachheit ist, so werde sie getragen; wenn aber
Bosheit, so werde ihr gesteuert. Schwachheit hat bei sich den guten
Willen, zu hören und zu lernen wenigstens ein Mal in zwölf
Stunden: Bosheit aber hat die Halsstarrigkeit bei sich, sich zu wider-
setzen und zu verharren. Wenn sie aber merkt, daß du ihre Bosheit für Schwachheit ansiehst, was Wunder, wenn sie ganz schlecht
wird. So wird durch deine Schuld dem Satan ein Fenster geöffnet, daß er in dem armen und schwachen Gefäße nach seiner Lust
dich spotte und reize und auf alle Weise plage. Du bist ein verstän-
diger Mann und der Herr wird geben, daß du verstehst, was ich
sage, und zugleich fühlst, wie ich von Herzen sowohl dir als ihr
rathen und dem Teufel wehren möchte. Lebe in Christo wohl.“

Wie Luther hier einen irrenden Freund zurechtweist, so hat er,
wo er merkte, daß Einer seiner Freunde und Brüder sich verfehle,
auch eingegriffen und Alles wieder in Ordnung gebracht. Da hört
er, daß ein guter Freund in Sachsen Privatsachen auf die Kanzel
bringe: eine Privatsache, lehrt er [1]), „mag verschwiegen und nieder-
gedrückt werden und, gleichwie ein Hauszorn, an seinem Orte auf-
und niedergehen und nicht zum Dache oben ausschlagen. Wo es
aber geschieht, ist es böse. — Mein Rath ist: laß bleiben und lerne
dulden und halte das Maul zu, dadurch das edle Kräutlein, Gedulb,
erkannt wird. Der Herr des Friedens sei mit dir, so wird dir der
Zorn wohl vergehen. Martinus Luther, dein Alter, der des Dings
viel erfahren hat.“ Auch seine höchstgestellten Freunde läßt er nicht
machen, was sie wollen: einem Spalatin [2]) hält er vor, daß er
mit seinem Schulmeister sich brüderlich zu vertragen und etwas von
seinem Rechte nachzugeben hat: einem Justus Jonas [3]), daß es nicht

---

1) Briefe, be Wette 6, 427.
2) Ebenda 5, 574 (1543, 13. Juli).
3) Ebenda 5, 556 (1543, 4. Mai).

wohl anstehe, so bald nach dem Tode der ersten Frau, die zweite in's Haus zu führen.

Hohe Anforderungen stellte der Reformator an die Geistlichen, aber kraftvoll wies er die zurück und zurecht, welche allzu hohe Ansprüche machten. Dem Magister Johann Schreiner, Pfarrer und Superintendenten zu Grimma, schreibt er darüber etwas zornig[1]): „Gnade und Friede in Christo. Mein lieber Magister und Pfarrherr, saget doch, wo es der Spalatinus nicht thun will, den Edelleuten und wer sie sind, daß man nicht kann Pfarrherrn machen, wie sie gerne wollten, und sollten Gott danken, daß sie das reine Wort aus einem Buche möchten buchstabiren hören, weil vor Zeiten unter dem Papst sie eitel Teufelfürze und Dreck haben müssen hören und bezahlen theuer genug. Wer kann den Edelleuten eitel Dr. Martinus und M. Philippus auf solchen Bettelbienst schaffen? Wollen sie eitel Skt. Augustinus und Hieronymus haben, die mögen sie sich selbst schaffen. Wenn ein Pfarrherr seinem Herrn Christo genugsam und treu ist, sollte billig ein Edelmann, der etwas Merkliches geringer ist, denn Christus, auch zufrieden sein. Muß doch ein Fürst in seinem weltlichen Regiment zufrieden sein, der in seinem ganzen Abel drei Werkstücke findet und mit den andern Füllsteinen Geduld haben muß. Solche Sachen sollt ihr in eurem Kreise selbst ausrichten, denn wir, ohne das überschüttet, keine Ruhe noch Frieden haben vor den Sachen aus allen Landen. Laßt diesen Brief kommen vor Fürsten und Herren, oder wo man will, mir liegt nichts dran.“

Vertrauensvoll wandte sich ein Jeder, welcher sich selbst nicht recht zurecht finden konnte, oder sich falsch zu entscheiden fürchtete, an den Reformator. Da haben die papistischen Geistlichen Leipzigs beschlossen jedem, der zu der österlichen Zeit communicirt, eine Münze zu geben, mit welcher er sich vor der Obrigkeit wegen des richtigen Empfangs des heiligen Abendmahles ausweisen muß. Viele kommen in's Gedränge und fragen bei Luther an, ob sie das hochwürdige Sakrament unter einerlei Gestalt empfangen oder die Münze sich irgendwie verschaffen dürfen. „Nun aber Herzog Georg,“ bescheidet dieser[2]), „sich auch untersteht die Heimlichkeit des Gewissens zu erforschen, wäre er wohl werth, daß man ihn betrüge als eines Teufels Apostel,

---

1) Briefe, de Wette 5, 69 (1537, 9. Juli) vgl. auch 4, 194.
2) Ebenda 4, 443 und 6, 141 (1533, 11. April).

wie man immerhin thun könnte, denn er hat solches Forderns weder Recht noch Fug und sündigt wider Gott und den heiligen Geist. Aber weil wir müssen denken, nicht was andre böse Leute thun, es seien Mörder oder Räuber, sondern was uns zu leiden und zu thun gebühret, so will in diesem Fall das Beste sein, daß man trotziglich dem Mörder und Räuber unter die Augen sage: das will ich nicht thun. Nimmst du mir darob mein Gut und meinen Leib, so hast du es einem Andern genommen, denn mir, dem du es dürr bezahlen mußt: wie Petrus sagt: Jesus Christus ist verordnet ein Richter der Lebendigen und der Todten. (Apostelg. 10, 42.)" Da fragt die Schwester des Hieronymus Weller, Barbara Lißkirchen[1]) in Freiberg, durch ihren Bruder an, ob sie insgeheim zu Hause das hochwürdige Sakrament beiderlei Gestalt empfangen dürfe: er aber will und kann dazu nicht rathen, „denn mit der Weile," schreibt er[2]), „möchte es Jedermann so wollen brauchen, daß damit die gemeine Kirche und Versammlung verlassen und wüste würde, so es doch ein öffentlich und gemein Bekenntniß sein soll. Könnt ihr's sonst, wo es zu thun sein will, etwa haben und wollet's wagen, weil euer Gewissen das gerne haben wollte und gewiß ist: so mögt ihr's thun im Namen Gottes, dem ich euch befehle mit meinem armen Gebete." Da erbittet sich durch Wolfgang Brauer, Pfarrer zu Jessen, ein guter Freund zu Linz an der Donau, Sigmund Hangreuter[3]), Aufschluß, ob er sich und die Seinen nicht mit dem Abendmahl versorgen dürfe: die Antwort lautet kategorisch: nein, „weil er dazu nicht berufen noch Befehl hat, und ohne das, wo es die tyrannischen Kirchendiener, so es zu thun schuldig sind, ihm und den Seinen nicht reichen wollen, dennoch wohl kann in seinem Glauben selig werden." (S. 39.) Da wendet sich ein abliger Herr an ihn mit der Frage, ob er der Krönung des Bischofs in Merseburg mit gutem Gewissen beiwohnen könne: „da ich nicht wissen kann," heißt die Antwort[4]), „wie euer Geist stehet, kann ich nichts dazu rathen; ihr müsset euch selbst rathen. Denn so viel man äußerlich Eins dem Andern rathen soll, hab' ich genugsam geschrieben und öffentlich an den Tag gegeben, damit hab' ich das

1) Briefe, be Wette 6, 543.
2) Ebenda 4, 596.
3) Ebenda 5, 38 (1536, 27. Dezember).
4) Ebenda 4, 633 (1535, 19. September).

Meine gethan. Ueber das kann ich mich mit fremden Sünden, sonderlich die da heimlich sind, nicht beladen."

Aeußerst interessant ist das Verhältniß Luthers zu Dorothea Jörger, Wittwe zu Tollet, später zu Köppach im Oestreichischen; schon in dem ersten, von den zwölf Briefen, die auf uns noch gekommen sind, benennt er sie „seine beste, treue Freundin" [1]). Reichliche Spenden legte sie in des Reformators Hände zur Unterstützung armer, würdiger Studenten der Theologie, das eine Mal 1533 den 24. Oktober bescheinigt er den Empfang von 500 Gulden[2]): in allen Stücken holte und erfragte sie sich bei ihm Rath, klagte sie ihm ihr Leid, setzte sie auf ihn ihre Hoffnung. So befragt sie, die den Töchtern an dem mütterlichen Vermögen auch Antheil geben wollte, was zu machen, da diese früher einen Verzicht darauf ausgestellt hätten: offen und ehrlich schreibt er zurück[3]): „so achte ich, wo ihr's bei den Söhnen erheben könntet mit Güte, daß sie drein verwilligten, so hätte es seinen Fortgang: wo das aber nicht sein kann, und die Töchter zuvor solches aufgegeben haben, so kann's euer Gewissen nicht beschweren, wo ihr das nicht möget wiederbringen, was sie vergeben haben." Selbst eine Notel zur Form eines christlichen Testaments erbittet sie sich von ihm und empfängt auch dieselbe[4]). Christoph Jörger, wohl der älteste Sohn, betrachtete den Reformator fortwährend als seinen Gewissensrath. Derselbe war als Beamter in Wien mit zu dem katholischen Gottesdienste gezogen worden und hatte dadurch Anstoß bei den Evangelischgesinnten gegeben. Luther, um seinen Rath angegangen, antwortete[5]): „erstlich weil ihr euer Gewissen hierin beschwert findet, so könnt ihr keinen bessern Rathmeister und Doktor finden, denn eben solch euer eigen Gewissen. Warum wollt ihr also leben, da euch ohne Unterlaß euer Gewissen sollte beißen und strafen, auch keine Ruhe lassen? Wäre doch das die rechte, wie man's vor Zeiten hieß, Vorburg der Hölle. Darum wo euer Gewissen hierin unruhig oder ungewiß ist, da sucht, wie ihr könnt, daß ihr aus solcher Unruhe, welche strebt wider den Glauben, der ein sicher, fest Gewissen machen sollte je länger je mehr, euch

---

1) be Wette 3, 150. T. und K. liegen in Ob der Enns, T. am Trätnach, K. bei Wels.
2) Ebenda 4, 490.
3) Ebenda 5, 10 (1536, 31. Juli).
4) Ebenda 6, 139 (1533, 1. Januar).
5) Ebenda 6, 355. 4, 659. 5, 612 (1543, 31. Dezember).

wickeln möget und daheim, wie bisher, in dem Euren bei dem Wort bleibet; denn daß ihr sollet mit den Andern in der Prozession opfern und dergleichen begehen, so würde euer Gewissen dawider murren. Nachdem ihr die Wahrheit erkannt, so wird solches eben so viel sein, als die Wahrheit verleugnet heißen, wie Paulus Röm. 14 (V. 23) sagt: wer wider sein Gewissen thut, der ist verdammt, oder wie seine Worte lauten: was nicht aus dem Glauben geht, das ist Sünde. Solches und deß mehr, achte ich, werdet ihr aus der Schrift und andern Büchern, welche das Gewissen wohl lehren und halten, genugsam verstanden haben. Euer König ist des Teufels Diener in solchen Sachen." Jörger ließ sich weisen, und gab sein Amt auf, wozu ihm Luther 1545, 17. April Glück wünscht[1]).

5. Wie Luther die Traurigen tröstete.

Luther war ein fröhlicher, heiterer, gottseliger Mensch: „ein Christ soll ein fröhlicher Mensch sein", das ist ein beherzigenswerthes Wort[2]) von ihm. Und er kann sein, was er sein soll, wenn er bedenkt, was er ist, was er hat. „Ich bin eine Christin," so sprach, wie er erzählt, eine Nonne zu sich und vertrieb damit den bösen Geist der Traurigkeit und Schwermuth: „also sage du auch," mahnt er: „wenn es Alles dahin ist, so glaube ich doch, daß Christus noch lebt, auch bin ich getauft und das Evangelium gefällt mir ja wohl, so bin ich den Sakramenten und dem Herrn Christo selbst nicht feind, sondern halte es für wahrhaftig, daß er ein Heiland ist, dawider kann der Teufel nichts aufbringen[3])." Er konnte keinen Menschen traurig sehen: er mußte ihn trösten mit dem Troste, damit er von dem Gott aller Gnade getröstet worden war, und sein trauriges Herz wieder fröhlich machen. „Gnade und Friede in Christo," so schreibt er an Matthias Weller zu Freiberg[4]). „Ehrbarer, günstiger, lieber Freund, es hat mir euer lieber Bruder angezeigt, wie ihr sollt sehr bekümmert sein und Anfechtung der Traurigkeit leiden. Was ich nun mit ihm geredet habe, wird er euch wohl anzeigen.

---

1) Briefe, de Wette 5, 729.
2) Tischreden Aurif. 316 a. Först. 3, 123.
3) Ebenda 321 a. Först. 3, 138.
4) Briefe, de Wette 4, 556 und 6, 551.

Aber, lieber Matthias, folget hierin nicht euren Gedanken, sondern höret, was euch andre Leute sagen. Denn Gott hat's befohlen, daß ein Mensch den andern trösten soll, und will auch, daß der Betrübte soll glauben solchem Trost als seiner eigenen Stimme. Denn also spricht er durch Stt. Paulum: tröstet die Kleinmüthigen (1 Thess. 5, 14), und Esajas 40 (V. 8): tröstet, tröstet mein Volk und sprechet ihm freundlich zu, und anderswo: es ist mein Wille nicht, daß ein Mensch traurig sei, sondern fröhlich sollt ihr mir dienen und kein Opfer in Traurigkeit opfern, wie das Alles Moses und die Propheten oft und viel predigen. Darum er auch geboten hat, daß wir nicht sollen sorgen, sondern die Sorge ihm befehlen, weil er für uns sorgen will, wie Petrus (1 Epistel 5, 7) lehrt aus dem 55. Psalme (V. 23).

Weil denn Gott will, daß Einer den Andern trösten und ein Jeder dem Trost glauben soll: so lasset eure Gedanken fahren und wisset, daß euch der Teufel damit plaget und sind nicht eure Gedanken, sondern des leibigen Teufels Eingeben, der nicht leiden kann, daß wir einen fröhlichen Gedanken haben.

So höret nun, was wir in Gottes Namen zu euch sagen, nämlich, daß ihr sollt fröhlich sein in Christo, als der euer gnädiger Herr und Erlöser ist, den laßt für euch sorgen: wie er denn gewißlich für euch sorgt, ob ihr auch noch nicht habt, was ihr gern hättet. Er lebet noch, und versehet euch des Besten zu ihm, das gefällt ihm, wie die Schrift sagt, als das beste Opfer. Denn kein lieblicher, angenehmer Opfer ist als ein fröhlich Herz, das sich in dem Herrn freut.

Darum wenn ihr traurig seid und es will überhand nehmen, so sprecht: auf, ich muß unserm Herrn Christo ein Lied schlagen auf dem Regal, es sei: Herr Gott, dich loben wir, oder: Gesegnet, denn die Schrift lehret mich, er höre gern fröhlichen Gesang und Saitenspiel. Und greift frisch in die Schlüssel und singet drein, bis die Gedanken vergehen, wie David und Elisa thaten. Kommt der Teufel wieder und gibt euch eine Sorge oder traurige Gedanken ein: so wehret euch frisch und sprecht: aus, Teufel, ich muß jetzt meinem Herrn Christo singen und spielen. Also müßt ihr euch wahrlich wider ihn setzen lernen und nicht gestatten, wie er euch Gedanken mache. Denn wo ihr einen einlasset und zuhöret, so treibt er wohl zehn Gedanken hinten nach, bis er euch übermanne. Darum nichts besser, denn flugs im Ersten auf die Schnauze geschlagen.

Und wie jener Ehemann that, wenn seine Frau anfing zu nagen und beißen, nahm er die Pfeifen unter dem Gürtel hervor, pfiff getrost, da ward sie zuletzt so müde, daß sie ihn zufrieden ließ: also greift ihr auch in das Regal oder nehmt gute Gesellen und singet dafür, bis ihr lernet, ihn spotten."

Aber Luther weiß es recht gut, daß der traurige Mensch nicht immer die Kraft besitzt, den Geist der Traurigkeit zu bannen und sich aus Gottes Wort und Werk den rechten Trost selbst zu holen: darum reicht er mit fleißigen, mitleidigen Händen alle Zeit den Traurigen freundlichen, kräftigen Trost aus der Quelle, welche für ihn ewig fließt. Ihm ist kein Leid zu geringfügig, keine Traurigkeit zu unbedeutend, daß er nicht trösten sollte.

Wir wissen, wie wenig er selbst nach Geld und Gut fragte und dennoch verschmäht er es nicht, einen Unbekannten über den Verlust seines Vermögens zu trösten. „Gnade und Friede in dem Herrn," so schreibt er an diesen[1]). „Ehrbarer, vorsichtiger, guter Freund, es hat mir euer lieber Sohn angezeigt, wie ihr euch hoch bekümmert der entwandten Güter halben, und darauf begehret ein Trostbrieflein von mir an euch. Nun, mein lieber Freund, mir ist fürwahr leid eure Beschwerung und Leiden. Christus, aller Betrübten höchster Tröster, wolle euch, wie er wohl kann und auch thun wird, trösten, Amen.

Gedenket, daß ihr's nicht allein seid, die der Teufel betrübt. Hiob ward geplagt und nicht allein beraubt Alles bis auf die Haut, sondern dazu auch leiblich und geistlich hart geschlagen: noch fand Gott ein gut Ende und ward reichlich wieder getröstet. Sprechet, wie der 55. Psalm (V. 23) lehret: **wirf dein Anliegen auf den Herrn, der wird dich versorgen,** und St. Petrus (1. Brief 5, 7) demselben Spruche nach: **liebe Brüder, werfet all euere Bekümmerniß auf ihn,** denn er sorget für euch. Ob's eine Zeit lang wehe thut, so ist er doch treu und gewiß und wird zur rechten Zeit helfen, wie er spricht Psalm 50 (V. 15): **rufe mich an in der Noth,** so will ich dich erretten und du sollst mich preisen, denn er heißt Nothhelfer zu rechter Zeit. Psalm 9 (V. 10).

Und was ist unser Leiden gegen das, das Gottes Sohn un-

---

1) Briefe, de Wette 5, 473.

schuldig, dazu für uns gelitten hat? Ohne das unsre Schwachheit unser Leiden schwer und groß macht, welches wohl leichter wäre, wenn wir stärker wären. Hiermit dem lieben Gott befohlen. Dienstag nach Exaudi 1542."

Voll Sorge waren die sächsischen Theologen und Juristen auf dem Reichstage zu Augsburg, sie versahen sich des Schlimmsten, denn die Feinde des Evangeliums waren so zahlreich, so stark, so trotzig. Luther's freundlicher, lieber Gevatter, der edle Kanzler Gregorius Brück, hielt noch am Meisten den Kopf oben. Wie meisterhaft versteht der Reformator diesem Schwachen das Herz stark zu machen und durch ihn die Verzagten und Traurigen zu trösten!

„Gnade und Friede in Christo," so hebt er an [1]). „Achtbarer, hochgelahrter, lieber Herr und lieber Gevatter, ich habe nun etliche Male an meinen gnädigsten Herrn geschrieben und an die Unsern, daß ich wohl denke, ich habe sein zu viel gemacht, sonderlich an meinem gnädigsten Herrn, als ob ich gleich zweifelte, daß Gottes Trost und Hülfe mehr und stärker bei S. Chr. Gnaden wären, denn bei mir. Ich hab's aber aus Anregung der Unsern gethan, deren Etliche so wehmüthig und besorgt sind, als hätte Gott unser vergessen: so er unser nicht kann vergessen, er müßte denn zuvor sein selbst vergessen. Es wäre denn, daß unsre Sache nicht seine Sache und unsre Lehre nicht sein Wort wäre. Sonst, wo wir deß gewiß sind und nicht zweifeln, daß es seine Sache und Wort ist, so ist auch gewiß unser Gebet erhöret und die Hülfe schon beschlossen und zugerüstet, daß uns geholfen werde: das kann nicht fehlen. Denn er spricht (Jesaia 49, 15): kann auch ein Weib ihres Kindleins vergessen, daß sie sich nicht sollte erbarmen über ihres Leibes Frucht? Und ob sie desselbigen vergäße, so will ich doch dein nicht vergessen: siehe, ich habe dich auf meine Hand gezeichnet.

Ich hab' neulich zwei Wunder gesehen. Das erste, da ich zum Fenster hinaus sah, die Sterne am Himmel und das ganze schöne Gewölbe Gottes, und sah doch nirgends einen Pfeiler, darauf der Meister solch Gewölbe gesetzt hatte: und der Himmel fiel nicht ein und steht auch solch Gewölbe noch fest. Nun sind Etliche, die suchen solche Pfeiler und wollten sie gern greifen und fühlen. Weil

---

[1]) Briefe, de Wette 4, 127.

sie denn das nicht vermögen, zappeln und zittern sie, als werde der Himmel gewißlich einfallen, aus keiner andern Ursache, denn daß sie die Pfeiler nicht greifen und sehen. Wenn sie dieselbigen greifen könnten, so stände der Himmel fest.

Das andere, ich sah auch große, dicke Wolken über uns schweben mit solcher Last, daß sie möchten einem großen Meere zu vergleichen sein, und sah doch keinen Boden, darauf sie ruhten oder fußten, noch Kufen, darin sie gefaßt wären: und sie fielen dennoch nicht auf uns, sondern grüßten uns mit einem sauren Angesicht und flohen davon. Da sie vorüber waren, leuchteten hervor beide, der Boden und unser Dach, der sie gehalten hatte, der Regenbogen. Das war doch ein schwacher, dünner, geringer Boden und Dach, daß es auch in den Wolken verschwand und mehr ein Schemen, (als durch ein gemalt Glas zu scheinen pflegt), denn ein solcher gewaltiger Boden anzusehen war, daß Einer auch des Bodens halber wohl so sehr verzweifeln sollte, als der großen Wasserlast halben. Dennoch fand sich's in der That, daß solcher ohnmächtige Schemen die Wasserlast trug und uns beschützte. Noch sind Etliche, die des Wassers und der Wolken dicke und schwere Last mehr ansehen, achten und fürchten, denn diesen dünnen, schmalen und leichten Schemen, denn sie wollten gern fühlen die Kraft solchen Schemens; weil sie das nicht können, fürchten sie, die Wolken werden eine ewige Sündfluth anrichten.

Solches muß ich mit Eurer Achtbarkeit freundlicher Weise scherzen und doch ungescherzt schreiben, denn ich besondere Freude davon gehabt, daß ich erfahren habe, daß E. A. vor allen Anderen einen guten Muth und getrostes Herz hat in dieser unserer Anfechtung. Ich hätte wohl gehofft, es sollte zum Wenigsten der weltliche Friede zu erhalten gewesen sein, aber Gottes Gedanken sind weit über unsere Gedanken. Und ist auch recht, denn er (spricht Skt. Paulus Eph. 3, 20) erhört und thut, über das wir bitten oder verstehen. Denn wir wissen nicht, wie wir bitten sollen. (Röm. 8, V. 26.) Sollte er uns nun also erhören, wie wir bitten, daß der Kaiser uns Friede gäbe, so möchte es vielleicht heißen, unter und nicht über das wir verstehen, und sollte wohl der Kaiser und nicht Gott die Ehre kriegen.

Aber nun will er selbst uns Friede schaffen, daß er allein die Ehre habe, die ihm auch allein gebührt. Nicht daß wir hiemit kaiserliche Majestät verachten, sondern bitten und wünschen, daß kaiserliche Majestät nichts wider Gott und kaiserlich Recht vornehme. Wo sie aber das thäte, da Gott vor sei, so wollen dennoch wir als die treuen Unterthanen nicht glauben, daß ihre kaiserliche Majestät das thue, sondern denken, daß es andere Thrannen unter dem Namen kaiserlicher Majestät thun, und also kaiserlicher Majestät Namen und der Thrannen Werk unterscheiden, gleichwie wir Gottes Namen, so die Ketzer und Lügner führen, auch unterscheiden, und Gottes Namen ehren und die Lügen meiden. Also können und sollen wir der Thrannen Vornehmen gar nicht billigen noch annehmen, das sie unter kaiserlicher Majestät Namen treiben.

Aber solch Werk, das uns Gott mit Gnaden gegeben hat, wird er durch seinen Geist segnen und fördern und die Weise, Zeit und Raum, uns zu helfen, wohl treffen und nicht vergessen noch versäumen. Sie haben's noch nicht zur Hälfte gebracht, die Männer des Blutes, was sie jetzt anfahen, sind auch noch nicht alle wieder heim, oder dahin sie gern wären. Unser Regenbogen ist schwach: ihre Wolken sind mächtig, aber am Ende wird sich's zeigen, welcher Farbe (Art). Eure Achtbarkeit halte mir mein Geschwätz zu gut und tröste M. Philippum und die Andern alle. Christus soll mir unsern gnädigsten Herrn auch trösten und halten. Dem sei Lob und Dank in Ewigkeit, Amen. Deß Gnade ich auch E. A. befehle treulich. Aus der Einsamkeit (Coburg), den 5 August 1530."

Ausgezeichnet ist die Art und Weise, wie Luther aus dem Werke der Hände Gottes den Muthlosen Muth zuspricht: am Liebsten aber schöpft er aus dem unerschöpflichen Brunnen der heiligen Schrift Trost für die Traurigen. Und er thut das so gern bei jedem Unfall, der Einem seiner vielen Bekannten zugestoßen ist. Da hört er, daß sein Freund Hieronymus Baumgärtner von einem Ritter in Franken, Johann Thomas von Rosenberg, auf einer Reise überfallen und gefangen genommen worden sei, damit er in seiner Fehde mit der Stadt Nürnberg sich an diesem hochangesehenen Nürnberger Stadtkind erholen könnte, und sofort setzt er sich hin, und tröstet die bekümmerte Gattin desselben[1]).

„Gnade und Friede in unsrem lieben Heiland und Herrn, Jesu Christo. Ehrbare, tugendsame, liebe Frau, wie ist mir eure Traurigkeit und euer Unfall so herzlich leid, das weiß Gott, der

[1] Briefe, de Wette 5, 672.

mein Seufzen sieht und hört; ja es ist Jedermann von Herzen leid um den theuern, feinen Mann, daß er so böslich soll in der Feinde Hände sein. Gott erhöre unser Gebet und aller frommen Herzen. Denn es ist gewiß, daß alle frommen Herzen sehnlich für ihn bitten, und ist gewiß solch Gebet erhöret und angenehm vor Gott.

Indeß müssen wir uns trösten göttlicher Zusagung, daß er die Seinen nicht verlassen noch vergessen will, wie deß der Psalter voll ist; denn wir wissen, daß euer Hausherr ein rechtschaffener Mann ist im Glauben Christi, denselben stattlich bekannt und mit viel schönen Früchten wohl geziert hat. Darum ist unmöglich, daß er ihn sollte von sich geworfen haben, sondern wie er ihn hat durch sein heiliges Wort zu sich und in seiner Gnade Schoß berufen und angenommen, so behält er ihn noch immerfort in demselben Schoß und wird ihn täglich behalten. Es ist noch derselbe Gott, der ihn bisher vor diesem Unfall für seinen lieben Christen und für ein Kind des Lebens behalten hat: derselbe Gott wird er gegen ihn bleiben, ob er sich auch eine kleine Zeit anders stellt, unseren Glauben und unsere Gebuld ein wenig zu versuchen. Er hat gesagt (Joh. 16, 20): ihr werdet heulen und trauern, aber eure Traurigkeit soll zur Freude werden, die Niemand von euch nehmen soll; das wird er uns halten und nicht fehlen.

So ist's auch noch nicht mit unsern Leiden so hoch und bitter, als seines lieben Sohnes und dessen lieben Mutter Leiden gewesen ist, durch welches wir uns in unsrem Leiden trösten und stärken sollen, wie uns Skt. Petrus lehrt (1 Ep. 3, 18): Christus hat ein Mal für uns gelitten, der Gerechte für die Ungerechten. So der Teufel und die Seinen sich unsres Unfalls freuen, dafür werden sie gräulich genug heulen müssen und aus der kurzen Freude wird ein langes Trauern werden. Wir aber haben den herrlichen, großen Vortheil, daß uns Gott gnädig und günstig ist mit allen Engeln und Kreaturen, darum uns kein Unglück dieses Leibes an der Seele kann schaden, sondern vielmehr uns nütze sein muß, wie Skt. Paulus sagt Röm. 8 (B. 28): wir wissen, daß denen, die Gott lieben, alle Dinge zum Besten dienen. Nach dem Leibe thut's wehe und soll auch und muß wehe thun, sonst wären wir nicht rechte Christen, die mit Christo nicht litten und mit den Leidenden nicht Mitleid hätten.

Darum, meine liebe Frau, betet und habt Gebuld, denn ihr leidet nicht allein, sondern habt viel, viel trefflicher, treuer, frommer Herzen, die groß Mitleid mit euch haben, die allzumal nach dem Spruch sich halten (Matth. 25, 43): ich bin gefangen gewesen und ihr seid zu mir gekommen. Ja freilich, mit großem Haufen besuchen wir den lieben Baumgärtner in seinem Gefängniß, das ist den Herrn Christum selbst, in seinem treuen Gliede gefangen, bitten und rufen, daß er ihm wolle aushelfen und euch mit uns allen erfreuen. Derselbige Herr Jesus, der uns heißt unter einander trösten, und uns auch tröstet durch sein selig Wort, der tröste und stärke euer Herz durch seinen Geist in fester Geduld bis zum seligen Ende dieses Unfalls und alles Unfalls. Dem sei Lob und Ehre sammt dem Vater und dem heiligen Geiste ewiglich, Amen. Dienstag nach Visitationis Mariä (7. Juli) Anno 1544.

Martinus Luther D."

Nicht leicht erlitt Einer aus dem Kreise seiner Bekannten einen Verlust in seiner Familie, ohne daß er ihm ein Wort des Trostes durch einen andern Freund oder durch ein besonderes Schreiben zugesandt hätte. Wir müssen gestehen, wenn wir die Zahl der eigenhändigen Trostbriefe des Reformators überblicken und in Rechnung ziehen, wie er von allerlei Leuten in seinem Hause überlaufen, mit allerlei Anfragen wahrhaft überschüttet und wirklich mit einer Arbeitslast überbürdet war, welche kaum glaublich ist: das Gefühl der Freundschaft war außerordentlich rege und stark in ihm, sein Mitleid war tief und dauernd, und sein Zuspruch alle Zeit aus dem innersten Heiligthum des Glaubens und der Liebe genommen, und dazu voll Zartheit und Weisheit.

Eine Frau, deren Mann an der Folge einer Selbstverletzung, über deren Ursache man nichts Bestimmtes wußte, gestorben war, tröstet er also[1]):

„Gnade und Friede in Christo. Ehrbare, tugendsame Frau, es hat mich euer Sohn berichtet des Jammers und Unfalls, so euch zugestoßen durch eures lieben Herrn Abgang, davon ich bewegt bin aus christlicher Liebe, diesen Trostbrief zu schreiben.

Erstlich soll euch das trösten, daß in solchem schweren Kampf, darin euer Herr gestanden ist, dennoch zuletzt und endlich Christus obgelegen und gewonnen hat. Zudem daß euer Herr ist zuletzt mit

---

1) Briefe, be Wette 3, 407.

Vernunft und christlicher Erkenntniß auf unsern Herrn verschieben, welches ich selbst aus der Maßen gern und fröhlich gehört habe, denn also hat Christus selbst im Garten auch gekämpft und ist dennoch zuletzt obgelegen und von den Todten auferstanden.

Daß aber euer Herr sich selbst verletzt, kann sein, daß der Teufel, welcher der Glieder mächtig ist, habe seine Hand mit Gewalt geführt wider seinen Willen. Denn wo er's mit Willen gethan hätte, wäre er freilich nicht wieder zu sich selbst gekommen und zu solchem Bekenntniß auf Christus bekehrt. Wie oft bricht der Teufel Etlichen Arm, Hals, Rücken und alle Glieder? Er kann des Leibes und der Glieder wohl mächtig sein ohne unsern Willen.

Darum sollet und wollet ihr euch in Gott zufrieden geben und euch zählen unter den Haufen, davon Christus sagt (Matth. 5, 4): selig sind, die da Leid tragen, denn sie sollen getröstet werden. Es müssen alle Heiligen den Psalm singen (44, 23): wir werden um beinetwillen täglich getödtet und geachtet wie die Schlachtschafe. Es muß Leid und Unglück sein, sollen wir des Trostes theilhaftig sein.

Danket auch Gott für solche große Gnade, daß euer Herr nicht ist im Kampf und Verzweiflung geblieben, wie Etlichen geschieht, sondern durch Gottes Gnade mächtiglich herausgerissen und in christlichem Glauben und Wort erfunden. Von welchen gesagt ist (Off. 14, 13): selig sind, die im Herrn sterben. Und Christus selbst, Joh. 11 (V. 25): wer an mich glaubt, ob er gleich stürbe, soll er doch leben. Hiemit tröste und stärke euch Gott der Vater in Christo Jesu, Amen.

Zu Wittenberg, Dienstag Luciä (15. Dezember) Anno 1528.

Martinus Luther."

Als M. Johann Cellarius, Pfarrherr zu Dresden, 46 Jahre alt, den 21. April 1541 in dem Herrn entschlafen war[1]), erhielt die Wittwe von dem Freunde ihres Gatten folgendes Schreiben[2]).

„Gnade und Friede in Christo. Ehrbare, tugendsame, liebe Frau, ich habe leider ersehen, wie Gott, der liebe Vater, euch, ja uns auch, mit Ruthen gestäupt und den lieben Mann, M. Johannes Cellarius, euren Hausherrn, von euch und uns genommen, daran

---

1) Briefe, de Wette 6, 496.
2) Ebenda 5, 469.

uns allen wehe geschehen, ob er wohl in guter, seliger Ruhe ist. Aber lasset euch das trösten, daß euer Leib das größte nicht ist unter den Menschenkindern, deren viel sind, die hundertmal Aergeres müssen leiden und ertragen. Und ob unser aller Leiden auf Erden läge auf einem Haufen, so wäre es doch nichts gegen das, so Gottes Sohn für uns und um unserer Seligkeit willen gelitten hat. Denn es ist kein Tod gegen den Tod unsres Herrn und Heilands Jesu Christi zu rechnen, durch dessen Tod wir alle vom ewigen Tod errettet sind.

Also tröstet euch in dem Herrn, der für euch und uns alle gestorben und vielmals besser ist denn wir, unsere Männer, Weiber Kinder und Alles. Denn wir sind doch sein, wir sterben oder leben, darben oder haben, und wie es geht. Sind wir aber sein, so ist er auch unser mit Allem, was er ist und hat, Amen. Demselbigen hiemit in Gnaden befohlen. Meine Räthe entbeut euch in Gott Trost und Gnade.

Montags nach Cantate (8. Mai) 1542."

Der Wittwe Georg Schulze's legt er in aller Kürze zwei Trostgründe an's Herz:[1]

„Gnade und Friede im Herrn. Ehrbare, tugendsame Frau Eva, gute Freundin, es ist mir euer Unfall sehr leid, daß Gott euren lieben Hauswirth von euch genommen: kann's wohl glauben, daß solch Scheiden euch wehe thun muß; wäre auch nicht gut, wenn es euch nicht wehe thäte, denn das wäre ein Zeichen kalter Liebe.

Aber dagegen habt erstlich den großen Trost, daß er so christlich und seliglich ist von hinnen gefahren.

Zum Andren, ist Gottes, unsres liebsten Vaters, Wille, der allerbeste, welcher auch seinen Sohn für uns gegeben hat. Wie billig ist es nun, daß wir auch seinem Willen zu Dienst und Gefallen unseren Willen ihm opfern. Welches wir nicht allein schuldig sind, sondern deß auch große und ewige Frucht und Freude haben werden. Er aber, unser lieber Herr Jesus Christus, tröste euch mit seinem Geiste reichlich, Amen. Hiemit dem lieben Gott befohlen.

Mittwoch nach Francisci (8 Oktober) 1544."

Zahlreich sind die Briefe, welche Luther an Männer geschrieben

---

1) Briefe, de Wette 5, 690.

hat, denen der Tod ihre Frauen entrissen hatte. An seinen freundlichen, günstigen Herrn und Gevatter Hans von Taubenheim
schreibt er [1]):

„Gnade und Friede in Christo. Gestrenger, fester, lieber Herr,
freundlicher Gevatter, es ist mir kund geworden, wie unser lieber
Herr Gott abermal seinen Rath über euch hat gehen lassen und
auch euere liebe Hausfrau zu sich selbst genommen. Solche eure
Traurigkeit und Schmerzen sind mir wahrlich von Herzen leid.
Denn ich weiß, daß euch viel anders zu Sinne ist, als den losen
Leuten, so ihrer Weiber Tod gern sehen, und achte mich dafür,
daß ich euch wohl kenne als einen, der ja Christo nicht feind ist,
sondern sein Wort und Reich liebt, auch aller Untreue und Unehre
von Herzen gram ist, wie ich wohl erfahren. In Summa: ich halte
euch für einen frommen Mann, daran ich nicht fehle: wie ihr
wiederum auch mich für fromm haltet. Gott gebe, daß ihr nicht
fehlet. Denn mit mir ist's ein Anderes, als der in großen Sachen
stecket und derhalb, wo Gott die Hand abzöge, gefährlicher, wie
dieses Standes Unfall ist, sündigen müßte. Weil mir solches von
euch bewußt, daß ihr nicht Gottes Feind seid, so kann er wiederum
euer Feind nicht sein, als der euch zuvor gegeben, daß ihr nicht
sein Feind seid, und euch also viel eher geliebt, denn ihr ihn geliebt
habt, wie es mit uns allen auch gehet.

Darum lasset euch das Rüthlein des lieben Vaters also
schmerzen, daß ihr euch seines gnädigen, väterlichen Willens gegen
euch viel höher tröstet und im Kampfe des Schmerzens lasset den
Frieden Gottes, der über alle Vernunft und Sinne schwebt, den
Triumph halten, wenngleich das Fleisch schlucket und mucket. Wie
ich mich versehe, daß ihr, auch ohne meine Tröstungen durch Gottes
Wort berichtet, selbst wisset wie göttlicher Friede nicht in den fünf
Sinnen oder der Vernunft, sondern weit darüber im Glauben
schweben soll. Unser lieber Herr Jesus Christus sei mit euch.
Denn ich bin euch ja, das weiß Gott und hoffe auch, daß ihr daran
nicht zweifelt, günstig und habe euch mit Ernst lieb. Ob ich wohl
nichts bin und nun auch schier nirgends zu etwas tauge, so muß
doch Christus ein solch arm, anbrüchig, geflicktes Werkzeug haben

---

1) Briefe, be Wette 5, 141.

und mich in seinem Reiche dulden hinter der Thür, und helfe Gott, daß ich's werth sei. — Hiemit Gott befohlen.

Freitag nach den drei Königen. Anno 1539.

Martinus Luther."

Den Magdeburgischen Kanzler Laurentius Zoch tröstet er[1]):

„Gottes Gnade und Friede in Christo sei euer Trost und euere Stärke, Amen. Mein lieber Herr Doktor, sonderlicher Freund, es ist mir fürwahr herzlich leid euer großer Unfall und euere Betrübniß, daß Gott euch euer liebes Weib genommen hat mit solcher Weise, wie eure Schrift anzeigt, welche sonderlich hoch beschweren muß.

Wohlan, Gottes Sohn mußte nicht allein vom Teufel und der argen Welt gehasset und verfolget sein, sondern zuletzt auch heißen von Gott geschlagen und gebemüthigt, wie Jesaia 53 (V. 4) spricht und der 22. Psalm (V. 7): ich bin ein Wurm und kein Mensch. Also muß es uns Christen auch gehen, daß die letzte Betrübniß muß den Namen gewinnen, daß uns Gott auch selbst straft, von dem wir doch allen Trost haben sollen. Gleichwie wiederum die Gottlosen so hoch kommen müssen, daß sie nicht allein von der Welt, sondern auch von Gott selbst geliebt und erhöhet anzusehen sind, auf daß sie zwiefältiglich trauern sollen.

Also hat euch Gott nun selbst auch angegriffen, wie es scheint, und die Feinde nun rechnen können und sagen: so geht's den Christen, also lohnt euch euer neu Evangelium. Das heißt nicht allein leiden und sterben, sondern auch begraben und zur Hölle geführt werden.

Aber, mein lieber Herr Doktor, haltet nur fest, nun ist's Zeit. Gedenkt, daß es Christo auch so und noch ärger ist gegangen und ist dennoch von Gott, der ihn so angreift, unverlassen, mit Ehren hervorgekommen: so wird uns Gott auch mit ihm führen.

Es ist wohl ein großer Trost, daß die gute Frau so christlich und vernünftig verschieden und ohne Zweifel zu Christo, ihrem Herrn, den sie allhier bekannt, gefahren ist. Aber viel größer ist's, daß euch Christus zu seinem Ebenbild gemacht hat, daß ihr leidet, wie er gelitten hat, nämlich nicht allein vom Teufel, sondern als von Gott, der euer Trost ist und sein soll, gestraft und betrübt.

---

1) Briefe, de Wette 4, 412. Z. wohnte damals in Halle, später zog er nach Wittenberg.

Darum, ob das Fleisch wohl murret und schreit, wie Christus selbst auch schrie und schwach war (Psalm 22, 2. Matth. 27, 46), aber der Geist soll doch bereit und willig sein und mit unaussprechlichem Seufzen rufen: Abba, lieber Vater (Röm. 8, 15), das ist: scharf ist deine Ruthe, aber Vater bleibst du, das weiß ich fürwahr.

Unser lieber Herr und Heiland, ja auch unser liebes Vorbild alles unseres Leidens, tröste und drücke sich selbst in euer Herz, auf daß ihr dieß Opfer dieses betrübten Geistes vollbringen und ihm euren Jsaak übergeben möget, Amen.

Sonnabend nach aller Heiligen (3. November) Anno 1532.

Dr. Martinus Luther."

Diesem ersten Schreiben schickt er bald ein zweites nach[1]).

„Gnade und Friede in Christo Jesu, unserm Trost und Heiland. Achtbarer, hochgelehrter, lieber Herr, ich bitte, wollet mich entschuldigt wissen, daß ich euch nicht schneller geantwortet habe. Euer guter Freund brach mir zu eilend auf, und ich habe mich etliche Wochen zerschrieben und zercorrigirt, damit ich meine Bettler und Geiler, die Drucker, auf den Leipziger Markt nicht versäumte, daß ich alle anderen Briefe in ein Büchlein binden und neben mich legen mußte, bis ich aufgearbeitet hatte.

Ich habe aber mit Freuden gelesen und vernommen, daß Gott euer Herz, auch durch Mitwirken meiner Schrift, getröstet hat: derselbige gütige Vater vollbringe seinen angefangenen Trost bis an's Ende. Denn wir Christen müssen solches Trostes uns gewöhnen, der da heißt: durch Gebuld und Trost der Schrift (Röm. 15, 4).

Darum entzieht er uns oft den Trost der Dinge, auf daß der Trost der Schrift Raum und zu thun bei uns finde und nicht so vergeblich da im Buchstabe ohne Uebung bleibe stehen: wie er denn jetzt euch euren hohen Trost und Schatz auf Erden entzückt (entzogen) hat, auf daß er an ihrer Statt euer Trost würde; und gleichwohl er auch alle Treue, Liebe und Trost, an euch und Andern erzeigt, vergelte. Es heißt: in dem, was nicht sichtbar ist und nicht erscheint, steht der Glaube (Hebr. 11, 1).

Die Gottlosen kehren den Rücken dem Zorne Gottes, welcher

---

1) Briefe, de Wette 4, 419.

ihnen droht, den sie nicht sehen, und die Schnauzen zu dem, das man sieht und wahrnimmt, und wühlen darin, wie die Säue; darum überfällt sie auch zuletzt der Zorn plötzlich und unversehens.

Aber wir müssen uns kehren mit dem Angesicht zu dem Unsicht-baren der Gnade und zu dem Verborgenen des Trostes, darauf hoffen und warten: mit dem Rücken aber zu den sichtbaren Dingen, daß wir gewöhnen, dieselbigen zu lassen und davon abzuscheiden, wie Skt. Paulus sagt, die wir nicht sehen das Sichtbare, sondern auf das Unsichtbare (2 Kor. 4, 18).

Es thut aber wehe uns Ungewohnten und der alte Adam zeucht wieder zurück zu dem, so sichtbar ist: da will er auch ruhen und bleiben und es thut's doch ja nicht. Denn was sichtbar ist, das ist zeitlich, spricht Skt. Paulus 2 Kor. 4 (V. 18), und hält nicht, darum heißt er der Gott der Geduld und des Trostes (Röm. 15, 5).

Dieses alles, beides solche Geduld und solcher Trost ist Gottes Werk und unserer Kraft unmöglich. Das ist der Christen Schule: an der Kunst lernen sie täglich und können es nicht ergreifen, viel weniger auslernen, sondern bleiben immer Kinder und buchstabiren das ABC in dieser Kunst.

Das Andere, so noch fehlet, müssen wir in die Vergebung der Sünden binden und mit einem Vaterunser durch Christum opfern, bis jener selige Tag komme und mache uns alle vollkommen in allen Dingen. Da werden wir seine Gesellen sein, Christo, unserm Vor-bild, in allen Dingen gleich.

Dazu helfe uns allen der Vater unseres Herrn Jesu Christi, der Gott alles Trostes, Amen. Haltet mir mein Gewäsch zu gut. Zu Wittenberg, Sonnabend nach Nikolai (7. Dezember) Anno 1532. Dr. Martin Luther."

Den Schösser Ambrosius Berndt aus Jüterbog, welcher auch sein Weib verloren, tröstete Luther mit diesem Briefe, dessen An-fang und Ende leider nicht mehr vorhanden ist.[1]

„Wisset, lieber Magister, daß Gottes Barmherzigkeit größer ist, denn unser Unglück und unsere Widerwärtigkeit. Ihr habt zwar wohl Ursach zu trauern, wie ihr meint, aber es ist nichts, denn ein guter Zucker, vermischt mit Essig. Eurem Weiblein ist sehr wohl ge-

---

[1] Briefe, de Wette 6, 190. B. war in Wittenberg angestellt 6, 169.

schehen, denn jetzt lebt sie mit Christo, hat einen Sprung gethan. O wollte Gott, daß ich den Sprung auch gethan hätte. Ich wollte mich nicht sehr wieder hierher sehnen. Sehet nicht den Essig allein, laßt den Zucker auch was gelten. Sehet an anderer Leute Unglück, die nur voll Essig sind, da kein Zucker innen ist.

Euer Leiden ist nur ein leiblich Leiden, nämlich die natürliche Liebe und Neigung zu den Euern. Eure Hausfrau ist wohl gestorben, hat auch hier nichts Besseres gelassen, denn das Gedächtniß einer freundlichen, holdseligen, lieblichen Beiwohnung und Gehorsams. Damit sollt ihr euch trösten und euer Herz anzeigen und beweisen, daß ihr ein freundlicher Ehemann gegen sie gewesen seid und sie nicht vergessen. Ihr seid ein guter Dialektikus und lehrt Andere solche Kunst: dieselbige wollet ihr jetzt üben und in Brauch bringen, recht definiren, theilen, schließen. Lernet das Geistliche vom Leiblichen scheiden und absondern. Haltet euer Unglück gegen der Anderen Unglück, so werdet ihr sehen, daß eures Weibes Tod an ihm selbst nicht jämmerlich noch erbärmlich ist, sondern nur allein in eurem Sinn, da die natürlichen Neigungen sind, so Eheleute, Eltern und Kinder, Eins zum Andern hat.

Darum ist das eine feine Rede Kaiser Maximilians, der man billig gedenken soll, damit er seinen Sohn, König Philipp, tröstete, der sich so hoch betrübte und bekümmerte über den Tod eines treuen, frommen, ehrlichen Mannes, der in der Schlacht war geblieben. Denn also sprach er zu ihm: lieber Philipp, du mußt's gewöhnen. Du wirst ihrer noch Viele müssen verlieren, die dir lieb sind. Also sollen ehrbare und christliche Herzen thun: es wird doch nichts Anderes draus. Denn der Satan feiert nicht, der ein Lügner und Mörder ist, führet die Leute in Irrthum und tödtet sie. Er übt seine Tücke wohl an Christo, es gedeiht ihm aber nicht. Und darum ist Christus unter seinen Händen gewesen, auf daß er zerstörte den Herrn und Stifter des Todes. Denn Satan ist ein Mörder, Gott aber tödtet Niemanden selber, denn wenn Gott tobtschlüge, wer wollte zu ihm laufen? Das ist nicht Gottes Werk noch Amt; sondern wenn er die Hand abzeucht, so frißt uns der Teufel auf. Also ist Gott nicht effektiv, sondern privativ eine Ursach des Todes, das ist, Gott tödtet Niemanden, er läßt's aber geschehen und verhängt es. Daß wir sterben, ist wohl Gottes Wille, er hat aber keine Lust daran. Summa: Gott und der Satan sind auf's Heftigste wider einander. Alles, was Gott thut, das thut er, daß es sei; der Satan aber macht, daß es nicht sei. Darum ist der Satan ein Stifter und Ursprung des Todes, ein Lügner, ein Mörder, das ist sein Handwerk."

Vielfach sah sich Luther veranlaßt, Eltern, die ihren Sohn auf die Wittenberger Hochschule in blühender Gesundheit geschickt hatten, über das frühe Ableben des lieben Kindes in der fernen Stadt zu trösten. Einen Brief[1]) hebe ich heraus, der an einen gewissen Zink in Königsberg[2]) gerichtet ist: Niemand wird ihn ohne die tiefste Rührung lesen können.

„Gnade und Friede in Christo, unserm Herrn, zuvor. Mein lieber Freund, ich achte wohl, daß nun die Märe vor euch gekommen sei, wie euer lieber Sohn Johannes Zink, so allhier bei uns von euch zum Studium gehalten, mit schwerer Krankheit überfallen und, wiewohl fürwahr kein Mangel an Fleiß, Sorge und Arznei gespart ist, so ist doch die Krankheit zu mächtig geworden, hat ihn weggenommen und zu unserem Herrn Jesu Christo in den Himmel gebracht.

Er ist uns allen ein sehr lieber Knabe gewesen, sonderlich mir, daß ich viele Abende ihn gebraucht habe, den Discant zu singen in meinem Hause, darum daß er fein, still, züchtig und im Studiren sonderlich fleißig war, daß uns allen sehr wehe geschehen ist durch seinen Abschied, und wir, wo es immer möglich hätte können sein, gar gern ihn errettet und erhalten hätten: aber er ist Gott noch viel lieber gewesen, der hat ihn wollen haben.

Nun wird, wie billig, solcher Fall und solche Geschichte euer und eures lieben Weibes Herz, als der Eltern, betrüben und bekümmern, das ich euch nicht verdenke, weil er uns alle und sonderlich mich bekümmert hat. Doch ermahne ich euch, daß ihr wollet Gott vielmehr danken, der euch solch fein, fromm Kind bescheret und euch würdig geachtet, eure Kosten und Mühe so wohl anzulegen.

Aber das soll euch, wie es auch uns thut, auf's Höchste trösten, daß er säuberlich und sanft entschlafen ist, mehr denn verschieden, mit solchem feinen Bekenntniß, Glauben und Vernunft, daß es uns alle Wunder hat und kein Zweifel sein kann, so wenig der christ-

---

1) Briefe, de Wette 4,362.
2) Ebenda 6, 639.

liche Glaube falſch ſein kann, er ſei bei Gott, ſeinem rechten Vater, ewiglich ſelig. Denn ein ſolch ſchön, chriſtlich Ende kann des Himmelreichs nicht fehlen.

Wollet auch daneben bedenken, wie viel ihr zu danken und euch deß zu tröſten habt, daß er nicht, wie vielen Andern geſchieht, gefährlich und jämmerlich umgekommen iſt. Und wenn er ſchon lange gelebt hätte, würdet ihr doch mit euren Koſten ihm nicht höher haben helfen mögen, denn etwa zu einem Amt oder Dienſt: nun aber iſt er an dem Ort, da er gar ungern mit aller Welt wechſeln wollte, auch nicht auf einen Augenblick.

Darum betrübt euch alſo, daß ihr euch vielmehr auch tröſtet, denn ihr habt ihn nicht verloren, ſondern vor euch hingeſandt, daß er ewiglich und ſelig erhalten wird. Denn ſo ſpricht Skt. Paulus (1 Theſſ. 4, 13): ihr ſollt euch über die Verſchiedenen oder Schlafenden nicht betrüben, wie die Heiden, die keine Hoffnung haben.

Ich verſehe mich, M. Veit Dietrich, ſein Präceptor, werde euch etliche ſeiner ſchönen Worte, vor ſeinem Ende geredet, zugeſchrieben haben, die euch gefallen und tröſten werden. Ich aber habe dieſe Schrift aus Liebe zu dem frommen Knaben nicht wollen unterlaſſen an euch zu fertigen, damit ihr gewiß Zeugniß habt, wie es mit ihm ergangen iſt.

Chriſtus, unſer Herr und Tröſter, laſſe euch ihm in ſeine Gnade befohlen ſein.

Am Skt. Georgs Abend (23. April) Anno 1532.

D. M. L., mit eigner Hand,
wiewohl jetzt auch ſchwach.“

Alle Traurigen in Wittenberg durften ſich ſeines Troſtes erfreuen und war er verhindert, ſelbſt zu kommen, ſo kam ein Brief von ſeiner Hand gewiß wie eine Taube mit dem Delblatt des Friedens in ihr Haus geflogen. Des Bürgermeiſters Dr. Benedikt Pauli einziges Söhnchen hatte ſich, als es Sperlinge ausnehmen wollte, zu Tode gefallen, da ſchrieb Luther[1] den Eltern:

„Wiewohl es in der heiligen Schrift nirgends verboten iſt, daß man trauere und Leid tragen ſollte, wenn ein fromm Kind oder Freund ſtirbt, denn wir haben Exempel frommer Patriarchen, Erzväter und

---

[1) Briefe, de Wette 6, 218.

Könige, die ihrer Kinder Tod heftig und schmerzlich beweint und sich darüber bekümmert haben, so soll doch des Trauerns und Leides ein Maß sein.

Darum thut ihr recht, lieber Herr Doktor, daß ihr über den Tod eures Sohnes trauert, wenn es nur nicht auch zu viel wird gemacht und ihr euch trösten lasset. Derhalben soll das euer Trost sein. Erstlich, daß ihr bedenkt, daß euch Gott diesen Sohn gegeben und wieder genommen hat. Zweitens, daß ihr folget dem Exempel des frommen, heiligen Mannes Hiob, welcher, da er Alles verloren hatte, Kinder und alle Güter und Habe, sprach er endlich (2, 10 und 1, 21): **haben wir Gutes vom Herrn empfangen, warum wollen wir nicht auch das Böse dulden? Der Herr hat's gegeben, der Herr hat's wieder genommen. Wie es dem Herrn gefallen hat, so ist's geschehen. Der Name des Herrn sei gelobt.**

Der hat's recht bedacht, daß beides, Gutes und Böses, vom Herrn kommt, also thut ihr auch. So werdet ihr finden und sehen, daß ihr viel mehr und größer Güter und Gaben habt, die euch Gott gegeben und gelassen hat, als Böses, das ihr jetzt fühlt. Nun aber sehet ihr nur auf das Böse, nämlich, daß euch der Sohn gestorben ist, und vergesset indeß der großen und herrlichen Güter und Gaben Gottes, nämlich, daß er euch die rechte Erkenntniß seines Wortes gegeben hat, daß euch Christus günstig und hold ist und daß ihr ein gutes Gewissen habt, welches auch allein für sich ein solches Gut ist, daß es billig alles böse Unglück, das uns begegnen könnte, überwiegen und zudecken sollte. Aber solches glaubt Niemand, denn der es erfahren und gefühlt hat, wie ein arm Ding es ist um ein Gewissen, das erschreckt ist, welches eigentlich und recht der Tod selber und die Hölle ist. Weil ihr denn nun ein gut Gewissen habt, was bekümmert und plagt ihr euch denn so sehr mit dem Tode eures Sohnes?

Aber gesetzt, als sei das Unglück, das euch jetzt widerfahren ist, sehr groß und schwer, doch ist es nicht neu und euch allein widerfahren, weil ihr viel Gesellen habt, denen solch Leid und Unfall geschehen ist. Denn Abraham hat viel größer Herzeleid gehabt und erfahren an seinem Sohne, da derselbige noch lebte, als wenn er todt gewesen wäre. Denn der Herr befahl ihm, daß er ihn mit seinen eigenen Händen schlachten und opfern sollte, der doch sein einiger liebster Sohn war, in dessen Samen Gott verheißen hatte, alle Völker zu segnen. Wie meint ihr, wird ihm da zu Herzen gewesen sein, da er mit einem bloßen Schwert seinen Sohn köpfen sollte? Meinet ihr nicht, daß auch Jakob wird ein groß Herzeleid gehabt haben, da ihm angesagt ist worden, sein lieber Sohn Joseph wäre von wilden Thieren zerrissen? Oder welcher Vater ist jemals im Herzen so betrübt und bekümmert gewesen, als David, da er von seinem Sohn Absalom, den er herzlich erzogen hatte, so feindlich aus dem Königreich vertrieben und verfolgt ward? Ja, da er in solchem Aufruhr so jämmerlich erstochen und dazu verdammt ward, da hätte ihm ohne Zweifel das Herz mögen zerschmelzen.

Darum wenn ihr diese und dergleichen Exempel so hoher und großer Leute recht ansehet und bedenket, so werdet ihr verstehen, daß dieß euer Herzeleid auch im Wenigsten nicht zu vergleichen ist mit ihrem, ja eures ist viel leichter und erträglicher.

Ihr möchtet aber sagen: ja mir ist mein einziger Sohn gestorben. Was bekümmert und sicht euch das so sehr an? Gleich als könnte euch Gott nicht einen andern geben, sintemal er allmächtig ist. Und da er schon keinen andern mehr geben wollte, sondern wollte auch noch dazu das Weib und Gut allzumal nehmen, doch sollt ihr euch darum nicht so hoch bekümmern und trauern, weil ihr Christum noch habt, der euch hold und günstig ist, dazu Gott zum gnädigen Vater und über das Alles viel geistliche Güter, welche auch nach unserem Tode unverrückt und ewig bleiben.

Er hat aber gleichwohl einen gräulichen und schrecklichen Tod genommen. Gleich als wäre nicht ein jeglicher Tod gräulich, es sterbe Einer, wie er wolle, weil der Tod der ganzen menschlichen Natur schrecklich und zu fürchten ist, sonderlich denen, die keinen Gott haben. Uns aber, die wir Kinder Gottes sind, wird das schreckliche Bild des Todes leiblich, denn wir haben einen Gott, der uns also tröstet: so wahr ich lebe, sollt ihr auch leben.

Ihr besorget und fürchtet aber, Gott habe euch den Sohn aus Zorn genommen? Solche Gedanken sind nicht von Gott. Das ist aber der rechte Griff: gewiß ist's Gottes guter, gnädiger Wille, daß euer Sohn also gestorben ist, obwohl eure Vernunft dawider strebt und bellt und denkt, Gott zürne. Denn die Vernunft ist also gesinnet, daß ihr wohlgefällt, was ihr gutdünkt: Gottes Werke aber mißfallen ihr für und für alle Zeit. Darum wäre es nicht

allweg gut, daß unser Wille geschehen sollte, denn wir würden also
in Sicherheit gerathen und fallen. Darum wir uns genügen lassen
und zufrieden sind, daß wir einen gnädigen Gott haben. Warum
er uns aber dieß und das widerfahren lasse, damit sollen wir uns
nicht bekümmern."

Zum Schluß begleiten wir Luther in ein Trauerhaus, es ist
das Haus des Malers Lukas Cranach, dem wir die herrlichsten und
getreusten Lutherbilder verdanken. Aus Bologna ist die Botschaft
eingelaufen, daß Johannes, ein wohlgerathener Sohn des Hauses, am
Abend des 9. Oktobers 1536 mit schönem, herrlichem, christlichem
Bekenntniß gestorben ist. Die armen Eltern waren über ihre natürliche Liebe und Neigung auch im Gewissen geplagt und gemartert,
gleich als wären sie seines Todes Ursach, weil sie ihn gen Italien
geschickt hatten. Da, es ist der erste Dezember, kommt zu dem zer-
schlagenen Malerfreunde sein Hausfreund Luther und spricht[1]):
„wenn das gälte, so wäre ich so hoch eine Ursach als ihr, denn ich
es euch und ihm treulich gerathen habe. Wir haben's aber nicht
in der Meinung gethan, daß er sterben sollte: unser Gewissen gibt
uns Zeugniß, daß ihr ihn viel lieber lebendig wüßtet, ja viel lieber
selber stürbet und all euer Gut lieber verlöret. Darum leget hin
diesen Stachel im Gewissen, denn beides Herz und Wille, solches
bedenket, zeugen viel anders, wie ihr gegen euren Sohn gesinnt seid.
Darnach wandte er sich zum Vater, der da weinte, und sprach:
lieber Meister Lukas, haltet stille, Gott will euren Willen brechen,
denn er greift Einen gern an, da es ihm am Wehesten thut, zur
Tödtung unsres alten Adams, und ob wir schon nicht die größten
Anfechtungen haben, so thun uns doch die unsern, die wir fühlen,
am Wehesten. Gedenkt an den lieben Adam, was da für ein Herzeleid gewesen ist, da sich die ersten zwei Söhne vor seinem Angesicht
ermordeten. Gedenkt an den lieben David, der zwei ganze Jahre
heulte über seinen erstgeborenen Sohn Ammon, da ihn Absalom er-
stach; darnach da er erfuhr, daß Absalom, in seinen Sünden erstochen, am Baume hinge; da ist ein Jammern angegangen, da er
seinen Sohn ewig verdammt gesehen hat, das ist Heulen und Angst
gewesen für eins. Zum Andern soll uns völlig trösten seine Frömmig-
keit und sein Gehorsam, denn die Welt jetzt so böse und ungeschlacht

---

1) Tischreden. Aurif. 325 a. Först. 3, 150.

ist, daß auch die allerfeinsten Jünglinge zu Schanden und Sünden kommen, das denn eurem Sohne auch hätte können widerfahren. Denn ihr sehet, wie ungezogen und wüste die Welt ist, daß man frei sündigt und Alles auf's Leugnen thun darf, also daß man auch in öffentlichen Sünden und Uebelthaten unverschämt zu sagen wagt: mein Nein ist so viel wie euer Ja. Und sagte zumal von unserer Studenten wüstem Leben. Darnach sagte er von einem Magister zu Erfurt, welcher ein gelehrter und frommer Mensch gewesen wäre, aber darnach, da er ein Pfaffe worden, fiel er in Ehebruch mit eines Steinbrechers Weib, die doch häßlich genug war, konnte sie aber nicht lassen. Endlich begab's sich, da auf einen Tag früh um 6 Uhr, nachdem er Messe gehalten hatte, ging er zum Weibe und ward vom Mann ergriffen und erstochen. Das ist ein schrecklicher Tod. Ich habe auch fünf Kinder, die mir herzlich lieb sind. Doch wenn ich an die bösen Läufte der zukünftigen Zeit gedenke, darin sie auch übel gerathen möchten, wenn ich in den Gedanken stehe, so wollte ich, daß sie alle gestorben wären, denn es ist wenig Besserung von der Welt zu hoffen, wie vor Augen. Zum Dritten, ob's auch schmerzlich ist, daß ihr einen frommen, gehorsamen Sohn gehabt, denn man ja eher der bösen, ungehorsamen vergessen kann als der frommen und getreuen, so lasset euch seinen Gehorsam und christlichen Abschied eine Freude sein, denn er hat ein gutes, seliges Stünblein, ihm von Gott erwählet, bekommen. Ach selig und abermals selig ist der, welcher mit dem Stünblein wohl zukommt! Es ist mein täglich Seufzen und Flehen, daß mir Gott ein fröhliches, seliges Stünblein verleihe, alsdann bin ich wohl hier gewesen und werde, von allem Elend und aller Betrübniß erlöst, mit Gott fröhlich sein. Zum Vierten, lieber Meister Lukas, befehlt dieß Gott, dem höchsten Vater, der mehr an eurem Sohn hat als ihr; denn ihr seid nur sein leiblicher Vater, habt ihn nur eine Zeit lang erzogen und ernähret, Gott aber hat ihm Leib und Seele gegeben, bisher behütet und bewahrt, ist viel, viel mehr Vater denn ihr seid, der muß und kann ihn besser erhalten, versorgen und ernähren, denn ihr und die ganze Welt. Zum Fünften macht des Härmens und Trauerns ein Maß, vergesset's immer säuberlich, befehlt's dem Willen Gottes, der besser ist, denn unser. Eurem Sohn ist wohl geschehen. Esset nur und trinket, labet euch und kränket euch nicht also ab, denn ihr sollt noch mehr Leuten dienen. Traurigkeit und Kümmerniß aber vertrocknen die Gebeine."

6. Wie Luther die Angefochtenen stärkte.

Mit den Angefochtenen hatte Luther das größte Erbarmen, war er selbst doch durch die schwersten, den Leib aufreibenden und die Seele bis zu den Pforten der Hölle hinabdrückenden Anfechtungen hindurchgegangen, so daß er von sich in Wahrheit sagen konnte, daß er kaum lechzen und Athem habe holen können und wie ein Schemen verdorrt und ausgetrocknet herumgegangen sei [1]). Er hatte, wie er sich gern ausdrückt, selbst in diesem Hospitale gelegen [2]) und war durch Gottes große Gnade vollständig genesen. Wenn irgend Einer, so mußte er es verstehen, die Angefochtenen zu behandeln, zu stärken und mit Gottes Hülfe zu heilen. „Ich habe,“ bekennt er in den Tischreden [3]), „aus Erfahrung gelernt, wie man sich in Anfechtung halten soll, nämlich, wer mit Traurigkeit, Verzweiflung oder anderm Herzeleid geplagt wird und einen Wurm im Gewissen hat, derselbige halte sich erstlich an den Trost des göttlichen Wortes, darnach so esse und trinke er und trachte nach Gesellschaft und Gespräch gottseliger und christlicher Leute, so wird's besser mit ihm werden.“ Am Eingehendsten spricht er sich zu Jesaja 36, 11 über das zu beobachtende Verfahren aus [4]). „Das ist ein vortrefflicher locus und Ort, welcher über die Maßen eine große und köstliche Lehre in sich hält und wie wir uns in hohen Anfechtungen halten sollen. Denn daß Eljakim und Sebna bedenken und vorhaben, den Rabsake etwas zu stillen und linder zu machen, wenn sie sich gegen ihn demüthigten, das fehlt ihnen sehr; denn sie machen ihn damit nur frecher und muthiger und wetzen dem Teufel seine Zunge. Derhalben auch der König Hiskia folgends ihnen den Rath gibt, daß sie dem Feind auf seine Gotteslästerung gar keine Antwort geben sollen.

Also sollen wir in unsren Anfechtungen auch thun, die Anfechtung sei gleich am Leibe oder im Geiste und Gewissen. Denn wiewohl es Menschenvernunft nicht lassen kann, sie siehet sich nach Menschenhülfe um, wie denn des Königs Hiskia Diener auch gethan

---

1) Tischreden. Aurif. 315 a. Först. 3, 121.
2) Briefe, de Wette 4, 247. Tischreden. Aurif. 314 b. Först. 3, 119.
3) Aurif. 319 a. Först. 3, 132.
4) Werke, Walch 6, 689 ff.

haben: bennoch sollen wir uns gewöhnen und mit höchstem Fleiße vorsehen, damit wir in Anfechtung dem Teufel nicht antworten, noch mit ihm disputiren und in viel Geschwätz uns einlassen. Denn ich rede das aus Erfahrung, daß je mehr du den Gedanken, damit dich der Teufel angreift und müde macht, nachlässest, je stärker und geschwinder lehnt er sich wider dich auf, so lange bis er dich in Verzweiflung bringt.

Also siehe an die geringe Anfechtung der Unreinigkeit, damit die Jugend am Meisten beladen wird. Denn je mehr ein unreines Gemüth und Herz an die Liebe und Unzucht gedenkt, je mehr es entzündet wird. Und kommt also zuweilen, daß aus einem kleinen Fünklein, wenn ein starker Wind darein geräth, ein groß Feuer wird. Also, es sei die Liebe, wie gering und schwach sie sein wolle, wenn es getrieben wird, so nimmt es zu. Desgleichen geht es auch zu mit dem Haß und Neid. Denn wenn ein Mensch fleißig gedenkt, wie er sich rächen will, so wird er durch die Gedanken gleich in eine Unsinnigkeit getrieben.

Derhalben eben wie in diesen leiblichen Anfechtungen nicht mehr denn eine einige Weise ist, die Anfechtung zu überwinden, nämlich, daß man die Sinne und Gedanken und das Herz davon wende: also ist auch in geistlichen Anfechtungen kein andrer Rath und keine bessere, kräftigere Hülfe und Arznei, denn daß ein Mensch, wie er immermehr mag und kann, solche Gedanken sich aus dem Sinn schlage und auf das Widerspiel gedenke.

Wiewohl auch solches weit über Menschenvermögen ist, doch kann man etliche Wege und Weisen vorschlagen, wie man solche Gedanken, wo nicht gar überwinden und ganz ausschlagen, doch auf's Wenigste lindern mag. Darum es falle einem Menschen eine Anfechtung vor, wie sie immerhin sein mag, so ist das das Allerbeste, daß er desfalls entweder etwas in der heiligen, göttlichen Schrift lese oder an Gottes Wort gedenke und dasselbe zu Hand und Herzen nehme. Und obgleich das Herz unlustig würde sein, Gottes Wort zu lesen oder zu betrachten, denn der Teufel hindert's wundergern und macht den Menschen dazu überdrüssig: bennoch sollst du dich selber dazu zwingen, daß, wenn schon dein Herz und deine Gedanken nicht hinan wollten, bennoch deine Zunge, Ohren und Augen damit zu schaffen haben und indeß Anderes sehen, hören und thun, denn das Gemüth und Herz gedenkt und vorhat. Denn du würdest es gewißlich empfinden, wenn die äußerlichen Sinne mit dem Wort Gottes umgehen, daß das Gemüth und Herz auch leichtlich daran kommen wird. Und allda sieht man vornehmlich die Kraft und Macht des Wortes Gottes, nämlich, daß es das Gemüth und Herz des Menschen, so von des Teufels Pfeilen verwundet, über die Maßen fein heilt und wiederum gesund macht.

Derhalben auch Jesajas am 9. (V. 6) unter andern Namen Christi auch diesen gesetzt hat, daß er ein Rath sei der Betrübten und Angefochtenen. Denn Christus tröstet die Leute durch sein liebes Wort, wie er denn auch Jesajas am 50. (V. 4) spricht: der Herr hat mir eine gelehrte Zunge gegeben, daß ich wisse, mit den Müden zu rechter Zeit zu reden. Deßgleichen lehret auch Skt. Paulus Röm. 15 (V. 4), daß man aus dem Trost der göttlichen Schrift Hoffnung schöpfe und mehre, welche der Teufel . sich unterwindet den Leuten in Anfechtungen aus ihren Herzen zu reißen. Demnach dieweil in den Anfechtungen keine kräftigere noch bessere Arznei ist, denn die verdrießlichen Gedanken aus dem Sinne und Herzen zu schlagen, so hat man dazu nicht mehr denn diesen einigen Weg, daß man Gottes Wort fleißig lese und höre. Denn also löscht man des Teufels feurige Pfeile am Allerbesten. Die aber diesem Rath nicht folgen wollen, sondern den schweren und verdrießlichen Gedanken nachhängen, dieselbigen thun nichts Anderes, denn daß sie mehr Holz und Stroh zum Feuer anlegen so lange, bis sie matt werden und, vom Teufel, der ein Tausendkünstler ist, überwunden, zu Boden gehen und verzweifeln. Denn diesen einigen Streit treibt der Teufel zum Höchsten auf uns, daß er sich untersteht, mit dem Gedanken, daß Gott uns zürne, unsern Glauben und Vertrauen niederzuschlagen. Wo du dich nun unterwindest, in diesem geistlichen Kampf dich mit menschlicher Hülfe zu wehren außerhalb Gottes Wortes, so thust du nicht mehr, denn daß du bloß und nackt dich gegen den mächtigen Geist, den Teufel, in Kampf begibst. Darum wo es dir gefällt, so magst du deine Kraft gegen des Teufels Macht halten; da wird sich gar leichtlich finden, wie ein gar ungleicher Kampf und Streit das ist, wenn man zuvor Gottes Wort nicht zur Hand hat, welches, wie Skt. Paulus Röm. 1 (V. 16) schreibt, allein Gottes Kraft ist, daß man ohne Gottes Wort mit menschlichen Kräften und Anschlägen mit dem Teufel, der von Anbeginn der Welt so oft und dich das Feld behalten und ein solcher geübter und erfahrener Kriegsmann ist, streiten und kämpfen will.

Darum laß die Gedanken fahren, damit der Teufel dein Herz einnimmt, und hüte dich ja, daß du nicht mit ihm disputirest. Denn er kann sich in einen Engel des Lichtes verstellen und die herrliche Person Christi anziehen. Und weil er die heilige Schrift auch weiß, wie man Matthäus am 4. sieht, so führt er zuweilen auch die allerlieblichsten Worte Christi selber wider Christum und den Glauben. Wenn du nun in solchen Anfechtungen dein Gemüth und deinen Sinn nicht schlechtweg davon wendest und sprichst: ich kenne und weiß von keinem andern Christo, denn der, vom Vater gegeben, für mich und meine Sünde gestorben ist, und weiß, daß er mit mir nicht zürnt, sondern daß er mir hold und gnädig ist: denn er hätte es ja sonst nicht über das Herz bringen können, daß er mir zu gut und für mich gestorben wäre! Wenn man nicht dieß und dergleichen dem Teufel vorwirft und sich fleißig auf die heilige Schrift legt, dieselbe treulich zu lesen, so muß man zu Boden gehen und verzweifeln. Denn das kann der Teufel leichtlich zu Wege bringen, daß er das schwache Fünklein unsres Glaubens auslöscht, wenn wir es nicht mit Gottes Wort immerdar mehren, stärken und weiter bringen.

Ferner so ist das, so folgt, ein geringes, aber dennoch ein nöthiges und nützliches Stück, daß, wenn ein Mensch betrübt und schwermüthig ist, er bei Leibe nicht allein sei, sondern sich befleißige, daß er mit guten Freunden von Etwas, es sei, was es wolle, rede. Denn wenn Eins mit Jemand redet, so bringt es das Herz damit von schweren Gedanken. Darum sind die einsamen Stätten in Anfechtungen über die Maßen schädlich und gefährlich. Derhalben auch der König Salomo in seinem Prediger 4 (V. 10) recht sagt: wehe dem, der allein ist; wenn er fällt, so ist kein Andrer da, der ihm aufhelfe. Denn das Wort eines Mitchristen hat über die Maßen eine große Kraft. Darum sollen alle die, so in Anfechtungen stecken, das eben wissen und bedenken, daß sie der Brüder und Mitchristen Rede und Stimme nicht anders hören und glauben, denn Gottes Wort und Stimme selbst und als wenn es Gott selbst redete. Und wenn man keinen solchen Prediger hätte oder Andere, die uns mit Gottes Wort trösteten, so ist es dennoch besser, daß man andre Leute höre reden, denn daß des Teufels Lästerworte und feurige Pfeile in unser Herz reden und schießen.

Diese gemeinen Gebote, Regeln und Lehren, weß und wie man sich soll in geistlichen Anfechtungen halten, hab' ich vorgelegt und angezeigt. Nun will es daran gelegen sein, daß ein Jeglicher sein Gemüth und Herz also in die Sache richte wider den Teufel, daß er befinde, daß ihm diese meine Wohlmeinung, Rath und Bedenken geholfen habe. Denn das darf sich Niemand in Sinn nehmen, der sich in den christlichen Glauben begeben hat, daß er ohne Anfechtung leben werde. Denn der Spruch St. Pauli zum Timotheus (2. Brief 3, 12) ist wahr, daß Alle, die in Christo Jesu gottselig wollen leben, Verfolgung werden leiden.

Nun die leiblichen Anfechtungen, als Armuth, Geiz, Ruhmredigkeit, Schande u. dergl., kann man leichtlich überwinden. Da aber hat's Mühe und Arbeit, wenn uns der Teufel Gottes Zorn vorbildet; dazu denn auch unser eigen Gewissen mit seinem Zeugniß hilft und uns überzeugt, welches dann der Teufel mit viel Exempeln des Zornes Gottes, so in der göttlichen Schrift angezeigt sind und täglich vorfallen, beschwert und hoch aufmutzt. Das ist denn der allerheftigste und geschwindeste Streit, in welchem der Teufel alle seine Kräfte und Künste ausschüttet und sich in des zornigen und ungnädigen Gottes Bild verstellt. Wenn du nun da anhebst, den Gedanken nachzuhängen, die dir der Teufel eingibt und einbläst, so bist du schon verloren und verdorben. Und dieweil das viele Leute thun, so sehen wir auch, wie sie hinpurzeln und fallen. Denn sie wollten gern der schweren und geschwinden Gedanken von Gottes Zorn lebig werden. Derhalben sie sich selber henken, erstechen, ertränken oder auf anderem Wege umbringen und erwürgen. Und da hat der Teufel seine Anschläge ausgerichtet, wenn er's so weit bringt. Denn damit gehet er um, wenn er uns Christum aus den Augen gerissen hat, daß er uns darnach auch in Verzweiflung bringe.

Darum soll ein Mensch die schweren Gedanken von der Sünde und Gottes Zorn aus dem Sinn und Herzen schlagen und das Widerspiel gedenken. Wie man denn im Buch von der Altväter Leben von Einem liest, da er einst in großen Anfechtungen der Verzweiflung um eine begangene Sünde steckte, ermannte er sich zuletzt und sprach: ei, ich habe nicht gesündigt, ich hab's nicht gethan. Nicht daß er die Sünde verleugnete und verneinte, sondern da er sah und merkte, daß er der schweren Gedanken in anderem Wege nicht könnte ledig werden, denn daß er sie aus dem Sinne schlüge und das Widerspiel gedächte. Und sonderlich wenn er diese Worte aus Vertrauen des Todes und Verdienstes Christi geredet hat, so ist's ein groß Exempel eines feinen Glaubens, dem wir billig in solcher Gefahr und Anfechtung sollten folgen. Daß wir auch lernen, daß man mit dem Teufel nicht disputiren soll; sonst werden die schwachen und blöden Herzen mit den schweren Gedanken so sehr überschüttet, daß sie sich selbst erwürgen. Denn des Menschen Gemüth und Herz vermag Gottes Zorn, den uns der Teufel vorhält und treibt, nicht zu ertragen. Derhalben Alles, das uns der Teufel in der Anfechtung einbildet, das sollen wir abweisen und aus dem Sinn schlagen und Ohren und Augen zuthun, daß wir nichts Anderes sehen noch hören, denn das freundliche, tröstliche Wort der Verheißung von Christus, und von dem gnädigen Willen des himmlischen Vaters, der seinen eigenen Sohn für uns dargegeben hat. Wie denn Christus, unser lieber Herr, Johannes am dritten (V. 16) davon redet: also hat Gott die Welt geliebt, daß er seinen eingeborenen Sohn dargegeben hat, daß Alle, die an ihn glauben, nicht sollen verloren werden, sondern das ewige Leben haben. Alles, das nun der Teufel sonst uns eingibt, außerhalb deß, daß Gott der Vater mit uns versöhnt und uns gnädig und barmherzig um seines lieben Sohnes willen ist, das sollen wir als fliegende und unnütze Gedanken aus dem Sinn schlagen.

Dergleichen Lehre gibt auch Gerson, der fromme, ehrliche Doktor, welcher allein unter den neuesten Theologen Gedanken darauf gehabt und sich deß treulich beflissen hat, daß er die blöden Gewissen möchte trösten; die andern alle haben fast in allem Saus und gutem Gemach gelebt und dieser hohen Lehre und des nöthigen Trostes nicht mit einem einigen Wörtlein gedacht. Nun gibt Gerson ein sehr schönes Gleichniß und vergleicht diese Gedanken des Teufels, damit er gleichwie mit feurigen Pfeilen in die Herzen der Christen schießt, einem bellenden Hunde. Denn wenn man nach einem bellenden Hunde wirft oder schlägt, so wird er nur ärger, also, spricht Gerson, geht es mit bösen Gedanken in Anfechtungen auch zu. Wie nun das Beste ist, wenn ein Hund bellt, daß man sich deß nicht annehme, sondern vorüber gehe: also ist das die einige Kunst und Weise in Anfechtungen, daß man des Teufels Gedanken und Eingabe verachte und ausschlage und daß man sich mit demselben nicht in weitere Disputation und Gezänke gebe, so fallen solche böse Gedanken von ihnen selbst dahin. Denn je mehr man sich mit ihnen reißt und zankt, je mehr sie auf einen Menschen bringen und treiben. Man kann auch die schweren, giftigen Teufelsgedanken mit keiner Menschenvernunft oder Kraft überwinden und ausschlagen. Der Teufel kann auch nichts so übel leiden, als daß man ihn verachtet. Darum thun die Leute am Allerbesten, die in solchen Anfechtungen können fest und stark sein und den bösen Feind, den Teufel, verachten.

Fast dergleichen steht auch in der Altväter Leben, daß Einer ein Mal seinen Bruder um Rath gefragt hat, wie er ihm doch thun solle, denn ihm fielen oft schwere und geschwinde Gedanken ein. Darauf hätte er ihm diesen Rath gegeben: wie die Gedanken von ihnen selbst einfielen, also sollte er sie wiederum von ihnen selbst ausfallen lassen und ihnen nur nicht nachhängen. Denn eben, sprach er, wie bei dir nicht steht, den Vögeln zu verbieten, daß sie in der Luft über deinem Haupte fliegen, wiewohl daß du wehren kannst, daß sie auf deinem Haupte nisten: also kannst du dich der Gedanken des Teufels nicht erwehren, aber des befleißige dich, daß des Teufels Gedanken dein Herz, deinen Sinn und dein Gemüth nicht gar einnehmen und besitzen, denn, wenn es dahin kommt, so bist du verloren. Dieser Altvater hat recht und wohl gelehrt und gerathen. Wo wir uns nun nicht selber in Gefahr stecken wollen, so müssen wir auch also thun. Denn je mehr man den Gedanken nachhängt, je weniger man sich derselben entschlagen kann, sondern, wie in einem Labyrinth oder verworrenen Gebäude beschlossen, wird man nimmermehr los und ledig werden.

Solches sehen wir in dieser Handlung auch. Denn sie wollen den Rabsake mit der besten Weise und Rath zufrieden stellen; aber es ist Alles vergeblich. Denn er wird nur rasender und toller. Darum will ich euch diese Geschichte ganz treulich befohlen haben, damit ihr wisset, wie man dem angefochtenen und blöden Gewissen rathen und helfen soll. Denn ich habe ihrer viel gekannt, die, wenn sie auf's Höchste und Geschwindeste angefochten worden, diese Kunst nicht wußten, daß man diese Gedanken verachten und ausschlagen sollte, und wurden darüber unsinnig und rasend. Und wenn die Sinnen durch solche geschwinde Gedanken zu sehr verletzt waren, erwürgten Etliche sich selbst.

Nun sind solche Gedanken eitel teuflische Gespinnste, die wir nicht machen und thun, sondern leiden, und sind nicht menschliche Werke, sondern Leiden. Und die solches nicht lernen wollen, mit denen ist es verloren: denn sie müssen zu Boden gehen. Der Teufel ist ein solcher hochmüthiger Geist, daß er nicht matt wird, bis er oben liegt und gewinnt. Welche nun den Teufel nicht verachten, sondern ihm zusehen, denselben richtet er ein Schauspiel nach dem andern an, auf die treibt er einen Gedanken nach dem andern, bis sie unterdrückt werden und zu Boden gehen. Die nun der Tücke des Teufels entfliehen wollen, die sollen zu ihm sagen: ich will weder dein Zuseher noch dein Spielmann sein. Denn also hat uns auch Christus selber Matth. 18 (V. 3) erinnert: wo ihr euch nicht umkehrt wie die Kinder, so werdet ihr nicht in das Himmelreich kommen. Also weil des Königs Hiskia Diener mit dem Rabsake disputiren und zusehen, so wird der Rabsake nur toller und rasender. Der König Hiskia aber straft sie, wie folget, und sagt zu ihnen: warum antwortet ihr ihm."

Wir fügen zu dieser Grundstelle, in welcher der Reformator seine Grundsätze bezüglich der Behandlung der Angefochtenen am Ausführlichsten im Zusammenhange ausgesprochen hat, für das Erste noch einige Auslassungen über einzelne Punkte hinzu. Luther unterscheidet zwischen den Anfechtungen; „es sind aber zweierlei Anfechtungen", erklärt er in den Tischreden ausdrücklich[1]), „des Geistes und Leibes. Der Satan plagt und ängstet das Gewissen mit Lügen, daß er also lästert und verkehrt, das auch recht und wohl gethan ist nach Gottes Wort; den Leib plagt er auf andre Weise." Ganz genau ist hier aber die geistliche Anfechtung nicht bestimmt. Denn er weiß, daß es auch verschiedenartige geistliche Anfechtungen gibt, und hebt hier von den geistlichen Anfechtungen nur die schlimmste hervor. „Die Anfechtung des Glaubens," sagt er nämlich[2]), „ist die allergrößte und schwerste, denn der Glaube soll die andern Anfechtungen allzumal überwinden. Wenn nun derselbige unterliegt, so müssen die andern alle, auch die allerkleinsten und schlechtesten, den Menschen überfallen. Wenn aber der Glaube bleibt, so kann man die allergrößten Anfechtungen und Fährlichkeiten verachten. Denn wenn der

1) Tischreden. Aurif. 310a. Först. 3, 105.
2) Aurif. 316b. Först. 3, 125.

Rebe. Luther als Seelsorger.   7

Glaube recht und gesund ist, so müssen alle andern Anfechtungen abnehmen und nachlassen. Diese Anfechtung des Glaubens ist Skt. Pauli Stolops (2 Kor. 12, 7) gewesen, ein großer Bratenspieß und Pfahl, der beide durch Geist und Fleisch gegangen ist, durch Leib und Seele. Es ist nicht eine Anfechtung noch Plage fleischlicher Unzucht gewesen, wie die Papisten träumen, als die keine andere gefühlt haben, denn solche fleischliche Unzucht. Die großen Kämpfe haben sie nicht versucht noch jemals erfahren: darum reden und schreiben sie davon, wie die Blinden von der Farbe." Die Anfechtung des Glaubens ist aber diese, daß das böse Gewissen aus dem Menschen das Vertrauen auf die Gnade Gottes, welche Sünden vergibt, heraustreibt und ihm einbildet, Gott zürne und wolle den Tod des Sünders, daß, mit andern Worten, das Gewissen Moses auf den Gerichtsstuhl setzt und den Sünderheiland von dem Gnadenthrone stößt. „Das ist die höchste, größte und schwerste Anfechtung des Teufels, daß er sagt: Gott ist den Sündern feind, du aber bist ein Sünder, darum ist dir Gott feind" [1]. Immer und immer wieder kommt er hierauf zurück, daß dieß die Schlinge ist, welche der Satan dem armen Menschenkinde über den Kopf wirft, um es zu würgen [2]. „Diese Anfechtung," bemerkt er [3], „fühlet Einer mehr und anders denn der Andere. Mir wirft er meine bösen Thaten und Worte nicht vor, als daß ich Messe gehalten, Gott damit gelästert, oder dieß und das in meiner Jugend gethan habe: wiederum plagt er Andere und wirft ihnen vor ihr übel begangenes Leben."

Der Angefochtene hat sich damit zu trösten, daß der Christ eben Anfechtung leiden muß. „Ein Jeglicher, der ein rechtschaffner Christ will sein," sagt er [4], „der gedenke, daß er Christum ohne Anfechtung nicht lernen kann." Ein anderes Mal spricht er [5]: „der Gottesfürchtige wird gezüchtiget, auf daß er nicht mit der Welt verdammt werde: der Gottlose aber, auf daß er sich erkenne oder verstockter werde. Je größerer Christ, je mehr Anfechtung, je mehr Sünde, je mehr Furcht." Der Angefochtene hat also schon den Trost, daß er nicht allein geplagt wird. „Seid gutes Muthes," so

---

1) Tischreden. Aurif. 303 b. Först. 3, 78.
2) Ebenda 317 a, 327 b, 327 b. Först. 3, 126, 160, 159.
3) Ebenda 303 b. Först. 3, 78.
4) Ebenda 303 b. Först. 3, 79.
5) Ebenda 313 b. Först. 3, 116.

rief er ein Mal dem Dr. Hieronymus Weller über Tische[1]) zu, „ihr seid's nicht allein, der angefochten wird, ich bin auch Einer und habe viel größere Sünde, denn ihr und eure Väter. Ich wollte lieber, daß ich wäre ein Hurenwirth und Räuber gewesen, denn daß ich Christus funfzehn Jahre lang mit Messehalten so geopfert und geläſtert habe." Und heilſam ſind die Anfechtungen dem Chriſtenmenſchen. „Es ſind uns aber ſolche Anfechtungen," tröſtet er[2]), „nicht allein nöthig, ſondern auch gut und nützlich, ſonſt gingen wir ſicher dahin ohne alle Gottesfurcht, riefen ihn nicht an um Hülfe, denn wer geſund und fröhlich iſt, der bedarf keines Arztes noch Tröſters. So könnte uns der Teufel auch leicht betrügen. Darnach dienet die Anfechtung auch dazu, daß wir in Gottesfurcht leben, vorſichtlich wandeln, ohne Unterlaß bitten, in der Gnade und Erkenntniß Chriſti wachſen und die Kraft des Wortes lernen verſtehen, und ob wir gleich noch ſchwach ſind, ſo iſt doch unſers Herrn Chriſti Kraft in den Schwachen mächtig (2. Kor. 12, 9)." Daher ſind die Anfechtungen nicht Zeichen des Zornes, ſondern gerade umgekehrt Zeichen der väterlichen Liebe Gottes. Als der treffliche Pfarrer Johann Schlaginhaufen von Köthen, welcher viel mit Schwermuth zu thun hatte, bei Luther aß, ſprach der Reformator[3]): „es iſt unmöglich, daß des Menſchen Herz könne Gott recht erkennen und im Gedächtniß behalten und an ihn gedenke ohne das liebe Kreuz und die Anfechtung", dann wandte er ſich zu dem Traurigen mit den Worten: „glaubet mir, wenn ihr nicht ſo einen guten Stein im Brette hättet bei Gott dem Vater, ihr würdet die Tentation und Anfechtung nicht haben." „Laß gleich ſein," redete er ein ander Mal[4]), „daß es ſcheine, Gott zürne, wenn wir geplagt und angefochten werden, doch wenn wir Buße thun und glauben, ſo werden wir ſehen und erfahren, daß unter dem Zorn Gottes Gnade und Güte verborgen liegt, gleichwie unter Schwachheit Stärke und Kraft. Da wir nun in Hoffnung beſtändig bleiben und auswarten, laſſen wir uns ſolche Larven nicht ärgern noch anfechten, ſondern beten fleißig."

Der Angefochtene ſoll ſich in die h. Schrift verſenken: er ſoll ſie fleißig hören und leſen, ſie gründlich bedenken und beherzigen.

---

1) Aurif. 315 a. Förſt. 3, 119.
2) Ebenda 309 b. Förſt. 3, 104.
3) Ebenda 315 a. Förſt. 3, 120.
4) Ebenda 318 b. Förſt. 3, 131.

7 *

Aber in Sonderheit verweist ihn Luther auf das Evangelium, welches von den Propheten geweissagt worden und in dem Neuen Testamente als erfüllt dargestellt ist. Nicht die ganze Schrift, sondern nur die Schrift, welche den Herrn Jesus Christus treibt, erquickt und richtet auf: das Gesetz kann nur anklagen und verdammen. „Ist Jemand," sagt Dr. Martinus[1]), „in Anfechtung oder bei denen, so angefochten werden, so schlage er Mosen nur zu Tode und werfe alle Steine auf ihn. Wenn er aber wieder gesund und die Anfechtung los wird, so predige man ihm das Gesetz, denn, wenn Einer bekümmert ist, soll man ihm nicht mehr Kümmerniß machen." Ein anderes Mal setzt er diesen Trost des Evangeliums so heraus[2]): „Es ist falsch, daß Gott den Sündern feind sei, denn Christus spricht rund und klar aus Befehl des Vaters: ich bin gekommen, die Sünder selig zu machen. Wenn aber der Satan dir hier vorhält Sodom und andere Exempel des göttlichen Zornes, so halte du ihm Christus vor, der Mensch geworden und um unsertwillen in unser armes Fleisch und Blut gekrochen ist, doch ohne Sünde. Denn wenn Gott den Sündern feind wäre, so hätte er wahrlich seinen eingeborenen Sohn nicht für sie gegeben. Das sollen wir wohl lernen, denn es ist uns nütz und gut, und ist nicht, wie man sich dünken läßt, verloren und vergebens."

Vor der Einsamkeit warnet Luther die Angefochtenen. So vermahnte er den Dr. Weller, daß er in seiner „Traurigkeit, Anfechtung und Kümmerniß sich sollte zu den Leuten halten und ja nicht allein sein, noch sich verkriechen und mit seinen und des Teufels Gedanken und Eingebungen sich beißen und zermartern. Denn der h. Geist spricht: wehe dem, der da allein ist (Predig. 4, 10). Wenn ich unlustig und schwermüthig bin, so fliehe ich die Einsamkeit, gehe zu den Leuten und schwatze mit ihnen. Und Christus selbst ist in der Wüste vom Teufel versucht worden, obwohl die Wüstenei Johannes dem Täufer nicht einsam war, denn es wohnten Leute umher"[3]). „Das ist," sprach er weiter[4]), „das Einige und Vornehmste, lieber Herr Doktor, sehet ihr zu, daß ihr nicht allein bleibet, wenn ihr angefochten werdet. Ja, fliehet Einsamkeit, wie ein Mönch

---

1) Tischreden. Aurif. 314a vgl. auf 305a. Först. 3, 117 und 83.
2) Ebenda 303b. Först. 3, 79.
3) Ebenda 317a. Först. 3, 127.
4) Ebenda 317b. Först. 3, 127.

that, als er in seiner Zelle angefochten ward und sprach: hie bleibe
ich nicht, ich laufe aus der Zelle zu den Brüdern." Gern erinnerte
er an ein treffendes Wort des Cardinals Albrecht von Mainz, daß
das menschliche Herz sei gleichsam ein Mühlstein. Wenn man Korn
darauf schüttet, so läuft er herum, zerreibt, zermalmt und macht es
zu Mehl. Ist aber kein Korn vorhanden, so läuft gleichwohl der
Mühlstein herum, aber er zerreibt sich selbst, daß er dünner, kleiner
und schmaler wird. Also will das menschliche Herz zu schaffen haben,
hat es nicht die Werke seines Berufes vor sich, daß es dieselbigen
ausrichte, so kommt der Teufel und schießt Anfechtung, Schwermuth
und Traurigkeit hinein. Da frißt sich denn das Herz mit der
Traurigkeit, daß es darüber verschmachten muß und Mancher sich
zu Tode bekümmert, wie denn Sirach (30, 25) davon sagt, daß
Traurigkeit viel Leute tödtet und Traurigkeit Mark und
Beine verzehret und gar kein Nutzen an ihr sei[1]). Statt in der
Einsamkeit seinen Gedanken nachzuhängen und so immer tiefer in
den Sumpf hineinzugerathen, begebe sich der Angefochtene auf sein
Arbeitsfeld, zu den Werken seines Berufes und thue seine Pflicht.
„Doktor Martin Luther hatte ein Mal in der Schloßkirche gepredigt," so berichten uns die Tischreden[2]), „wie er nun herausgeht,
kommt zu ihm ein Landsknecht, ganz übel bekleidet, und klagt ihm,
daß er große Anfechtung vom Teufel habe, als daß er ihn wahrhaftig sähe und hörte, und daß er ihn immerdar wollte wegführen.
Wie er also mit ihm redete, so kommt Dr. Pommer auch dazu;
trösten derhalben beide den Landsknecht, daß er nicht darum verzweifeln sollte, denn ob er wohl angefochten würde vom Teufel, so
wäre er doch nicht sein eigen, denn der Herr Christus wäre vom
Teufel auch angefochten und in die Wüste geführt, auch auf die
Zinne des Tempels und auf einen sehr hohen Berg geführt worden,
dennoch hätte ihn der Herr Christus mit dem göttlichen Wort überwunden und mit dem Gebet. Und sprach Dr. Martin Luther: plagt
dich der Teufel und sagt, daß er dich wolle wegführen, so sage du:
ich bin des Herrn Christi, an den glaube ich, der spricht, er wolle
mich selbst wegführen und Niemand solle ihm seine Christen aus
seiner Hand reißen. Item, es spricht selbst der Herr Christus:

---

1) Tischreden. Aurif. 317 b. Först. 3, 128.
2) Aurif. 494 b. Först. 4, 255.

Vater, die du mir gegeben haſt, deren habe ich keinen verloren (Joh. 17, 12). Glaube vielmehr an Gott den Allmächtigen, als daß du dich ſo ſehr vor dem Teufel und ſeiner Liſt wollteſt fürchten, denn ob er dich gleich gern wegführen wollte, ſo kann er's doch nicht thun. Ein Dieb wollte auch gern einem reichen Mann ſein Geld und Gut ſtehlen aus dem Kaſten, es mangelt ihm am Willen nicht, aber er kann's nicht thun. Alſo läſſet Gott dem Teufel nicht ſo viel Raumes, daß dir der böſe Geiſt müſſe Schaden und Leid thun. Höre nur Gottes Wort, bete fleißig, glaube, arbeite treulich und ſei nicht viel allein, ſo wird dich Gott vom Teufel wohl erlöſen und erhalten." „Ein junger Geſell, ſeines Handwerks ein Kleinſchmied," ſo hören wir an einem andern Orte [1], „ward durch ein Geſpenſt durch alle Gaſſen hin und wieder in der Stadt geführt. Der ward von Dr. Martin Luther im Beiſein anderer Gelehrten und glaubwürdiger Leute früh von ſechs bis um acht Uhr examinirt und gefragt: ob er auch den Katechismus könnte. Er berichtete aber, vom Geiſte beredet, daß er wider Gott gethan, daß er das Sakrament unter beider Geſtalt empfangen hätte, der habe auch endlich zu ihm geſagt: wirſt du in deines Meiſters Haus gehen, ſo will ich dir den Hals brechen. Darum wäre er in etlichen Tagen nicht hineingegangen. Da ſprach Dr. Martin Luther: man ſoll nicht gleich einem Jeglichen glauben, denn Viele erdichten oft ſolches, und da er gleich das Geſpenſt geſehen hätte, ſollte er ſeinen Beruf nicht verlaſſen haben. Und fragte ihn weiter, was er mit dem Satan geredet hätte und ſprach: ſiehe, daß du nicht lügſt. Fürchte Gott, höre Gottes Wort mit Fleiß und gehe hin in deines Herrn Haus und thue deine Arbeit nach deinem Berufe und wenn der Satan wieder kommt, ſo ſage zu ihm: ich will dir nicht gehorchen, ſondern meinem Gott, der mich zu dieſem Amt und Handwerk berufen hat. Ich will meines Berufes warten, wenngleich ein Engel vom Himmel käme und mir anders ſagte." Daß gar manche Anfechtungen daher kommen, daß man dem Leibe nicht ſeine gebührende Ehre thut, ſondern ihn pflichtwidrig behandelt, weiß der Reformator ſehr gut, darum befiehlt er den Angefochtenen, zu eſſen und zu trinken. Er erzählte gern „eine Hiſtorie von einem Biſchof, der hatte eine Schweſter in einem Kloſter, die vom Geiſt der Traurigkeit und böſen

---

[1] Tiſchreden. Aurif. 306a. Förſt. 3, 67.

Träumen und Anfechtungen übel geängstet ward und sich gar nicht wollte trösten lassen. Nun zog sie zum Bruder und klagte es ihm. Der Bruder ließ ein köstlich Abendmahl zurichten und bat die Schwester zu Gast und vermahnte sie, daß sie flugs essen und trinken sollte. Das that nun die Nonne. Des Morgens fragte sie der Bischof, wie sie .geschlafen hätte, ob ihr auch Träume und Anfechtungen wären vorgekommen des Nachts. Nein, sagte sie, ich habe gar wohl geschlafen und keine Anfechtung gehabt. Da sprach der Bischof: liebe Schwester, ziehe wieder heim und warte deines Leibes wohl mit Essen und Trinken, dem Teufel zum Verdruß, so wirst du der bösen Träume und Anfechtungen wohl los werden. Darum, sagte Dr. Martinus, soll man traurige Leute mit Essen und Trinken erquicken. Aber allein möchte dieß Mittel nicht nütze sein, sonderlich nicht jungen Leuten" [1]).

Aus den Briefen ersehen wir, wie sich Luther der Angefochtenen jammern ließ, wie er sie aus brüderlicher Liebe mit seiner reichen Erfahrung stärkte. Da hat der Hauptmann von Nordhausen, Jonas von Stockhausen, mit Lebensüberdruß zu ringen; sofort kommt ihm der Reformator zu Hülfe [2]).

„Gnade und Friede in Christo. Gestrenger, fester, lieber Herr und Freund, mir ist von guten Freunden angezeigt, wie euch der böse Feind härtiglich anficht mit Ueberdruß des Lebens und Begierde des Todes. O, mein lieber Freund, hie ist hoch Zeit, daß ihr euren Gedanken ja nicht trauet und folget; sondern höret andre Leute, die solcher Anfechtung frei sind, ja bindet euere Ohren fest an unsern Mund und laßt unser Wort in euer Herz gehen, so wird Gott durch unser Wort euch trösten und stärken. -

Erstlich wisset ihr, daß man soll und muß Gott gehorsam sein und fleißiglich sich hüten vor Ungehorsam seines Willens. Weil ihr nun beß gewiß seid und greifen müßt, daß euch Gott das Leben gibt und noch nicht todt haben will: so sollen solchem göttlichen Willen eure Gedanken weichen und ihr ihm williglich gehorsam sein und keinen Zweifel haben, daß solche Gedanken, als dem Willen Gottes ungehorsam, gewißlich vom Teufel in euer Herz mit Gewalt

---

1) Tischreden. Aurif. 319 a. Först. 3,133.
2) Briefe, de Wette 4, 415.

geſchoſſen und gedrungen ſind. Derhalben ihr müßt feſte dawider
ſtehen und wiederum mit Gewalt ſie leiden oder ausreißen.

Es war unſerm Herrn Chriſto das Leben auch ſauer und bitter,
doch wollte er nicht ſterben ohne ſeines Vaters Willen und floh den
Tod, hielt das Leben, wo er konnte und ſprach: mein Stünblein iſt
noch nicht gekommen. Und Elias, Jonas und mehr Propheten riefen
und ſchrieen nach dem Tode vor großem Weh’ und vor Ungebuld
des Lebens und verfluchten dazu ihre Geburt, Tag und Leben; doch
mußten ſie leben und ſolchen Ueberdruß mit aller Macht und Ohnmacht tragen, bis ihr Stünblein kam.

Solchen Worten und Exempeln, als des heiligen Geiſtes Worten
und Vermahnungen, müßt ihr wahrlich folgen und die Gedanken,
ſo euch dawider treiben, ausſpeien und auswerfen; und ob’s euch
ſauer und ſchwer zu thun iſt, ſo laßt euch dünken, als wäret ihr
gebunden und gefangen mit Ketten, daraus ihr euch ringen und
würgen müßtet, daß euch der Schweiß ausbreche. Denn des Teufels
Pfeile, wenn ſie ſo tief ſtecken, laſſen ſich nicht mit Lachen und ohne
Arbeit auszuziehen, ſondern mit Kraft muß man ſie herausreißen.

Darum müßt ihr ein Herz und Troſt faſſen gegen euch ſelbſt
und mit Zorn gegen euch ſelbſt ſprechen: nein, Geſell, wenn du noch
ſo ungern lebteſt, ſo ſollſt du leben und mußt mir leben, denn ſo
will’s mein Gott, ſo will ich’s haben. Hebt euch, ihr Teufelsgedanken, in den Abgrund der Hölle, mit Sterben und Tod, hie habt
ihr nichts zu ſchaffen u. ſ. w. Und die Zähne zuſammengebiſſen
wider die Gedanken und in (auf Grund des) Gottes Willen ſolchen
harten Kopf aufgeſetzt und halsſtarriger und eigenſinniger ſich gemacht,
denn kein böſer Bauer, ja härter denn kein Ambos von Eiſen iſt.

Werdet ihr euch ſo angreifen und wider euch ſelbſt kämpfen, ſo
wird euch Gott gewißlich helfen. Wenn ihr euch aber nicht ſperret
und wehret, ſondern laſſet die Gedanken mit allen Mußen frei euch
plagen, ſo habt ihr bald verloren.

Aber der allerbeſte über allen Rath iſt, wenn ihr nicht überall
mit ihnen kämpfen möchtet, ſondern könntet ſie verachten und thun,
als fühltet ihr ſie nicht, und gedächtet immer etwas Anderes und
ſprächet alſo zu ihnen: wohlan, Teufel, laſſe mich ungeſchoren, ich
kann jetzt nicht deine Gedanken merken, ich muß reiten, fahren, eſſen,
trinken, das oder das thun: item: ich muß jetzt fröhlich ſein,
komm morgen wieder u. ſ. w. Und was ihr ſonſt könntet vor-

nehmen, spielen und dergleichen, damit ihr solche Gedanken nur frei und wohl verachtet und von euch weist, auch mit groben, unhöflichen Worten, als: lieber Teufel, kannst du mir nicht näher, so . . ., ich kann dein jetzt nicht warten.

Davon laßt euch lesen das Exempel von dem Läuseknicker und von dem Gänspfeifen und dergleichen in Gersons Ueber die Gedanken der Gotteslästerung; das ist der beste Rath, dazu muß und soll euch helfen das Gebet unser und aller frommen Christen. Hiermit befehle ich euch unsrem lieben Herrn, dem einzigen Heiland und rechten Siegesmann, Jesu Christo, der wolle seinen Sieg und Triumph in eurem Herzen behalten wider den Teufel und uns alle durch seine Hülfe und Wunder in 'euch erfreuen, das wir tröstlich hoffen und bitten, wie er uns geboten und verheißen hat, Amen.

Zu Wittenberg, Mittwoch nach Katharinä (27. November 1532).
Dr. Martinus Luther."

Der treue Freund und Seelsorger unterläßt es nicht, die Frau des Angefochtenen mit Rathschlägen zu versehen: unter demselben Datum schrieb er derselben:[1]

„Gnade und Friede in Christo. Ehrbare, tugendsame Frau, ich hab eurem lieben Jungherrn ein Trostbrieflein in der Eile geschrieben. Nun, der Teufel ist euch beiden feind, darum daß ihr Christum, seinen Feind, lieb habt. Deß müßt ihr entgelten, wie er selbst spricht (Joh. 15, 19): **weil ich euch erwählet habe, darum hasset euch die Welt und ihr Fürst, aber seid getrost.** Es ist köstlich vor Gott das Leiden seiner Heiligen. Aber jetzt in der Eile kann ich nur wenig schreiben. Sehet aber ja darauf, daß ihr den Mann keinen Augenblick allein lasset, auch nichts bei ihm, damit er sich möchte Schaden thun. Einsamkeit ist ihm eitel Gift, darum treibt ihn der Teufel dasselbst zu. Wenn man aber vor ihm viel Historien, neue Zeitung und seltsame Dinge redete und läse, schadet es nicht, ob's zuweilen faule oder falsche Theiding und Märlein wäre, vom Türken, Tartaren und dergleichen, ob er damit zu lachen und zu scherzen könnte erregt werden: und dann flugs drauf mit tröstlichen Sprüchen der Schrift. Was ihr thut, so laßt's nicht einsam noch still um ihn sein, daß er nicht in die Gedanken sinke. Schadet nicht, ob er drüber zornig wird. Thut, als sei es

[1] Briefe, de Wette 4, 417.

euch leid, und scheltet darum. Bestellet es aber immer desto mehr. Solches wollt in der Eile vorlieb nehmen. Christus, der euch solches Herzeleids Ursach ist, wird euch helfen, wie er euch selbst neulich geholfen hat. Allein haltet nur fest, ihr seid sein Augapfel; wer den anrühret, der rühret in selbst an, Amen."

Die Frage der göttlichen Vorherbestimmung, der Prädestination, beschäftigte und beunruhigte damals viele Gemüther. Wir haben freilich an dem Grafen Albrecht von Mansfeld schon ein Beispiel gesehen, wie diese Frage bei Manchen zum Leichtsinn führte, allein bei sehr Vielen hatte sie Angst und Schwermuth zur Folge. Die fromme Barbara Lißkirchen (Lischner kurzweg genannt) war solch eine gequälte Seele; Luther sucht sie durch folgenden ausführlichen Brief zu stärken:[1])

„Gnade und Friede in Christo, tugendsame, liebe Frau, es hat mir euer lieber Bruder, Hieronymus Weller, angezeigt, wie ihr hoch bekümmert seid mit der Anfechtung von der ewigen Versehung: das ist mir wahrlich leid, Amen. Christus, unser Herr, wolle euch davon erlösen, Amen.

Denn ich kenne die Krankheit wohl und habe bis auf den ewigen Tod in dem Spital gelegen. Nun wollte ich über mein Gebet euch gern rathen und trösten, so ist's mit Schriften in solcher Sache ein schwer Ding, aber soviel ich kann, soll ich's nicht lassen, ob Gott Gnade wolle dazu geben. Und will euch anzeigen, wie mir Gott davon geholfen hat und mit welcher Kunst ich auch noch täglich mich dawider erhalte.

Erstlich müßt ihr fest in euer Herz fassen, daß solche Gedanken gewißlich des leibigen Teufels Einblasen und feuerige Pfeile sind. Solches saget die Schrift, wie Sprichwörter 25 (V. 27) spricht: wer der Majestät Höhe forschet, der wird unterdrückt. Nun sind solche Gedanken eitel Forschung der göttlichen Majestät und wollen seine hohe Versehung forschen, und Jesus Sirach (3, 22) spricht: du sollst nicht forschen, das dir zu hoch ist, sondern was dir Gott geboten hat, deß nimm dich an. Denn es frommt dir nichts, daß du gaffest nach dem, das dir nicht befohlen ist. Und David klagt auch

---

1) Briefe, de Wette 4, 247.

Psalm 131 (V. 2), daß er übel angelaufen sei, wenn er hohe Dinge hat wollen forschen.

Darum ist's gewiß, daß es nicht aus Gott, sondern aus dem Teufel kommt. Der plagt ein Herz damit, auf daß der Mensch Gott fremd werden und verzweifeln soll: welches doch Gott Alles in dem ersten Gebote hart verboten hat und will, daß man ihm trauen, ihn lieben und loben soll, davon wir leben.

Zum Andern, wenn einem solche Gedanken einfallen, sollt ihr lernen, bei euch selber fragen: Lieber, in welchem Gebot steht's, daß ich davon denken soll oder handeln? Wenn sich denn kein Gebot findet, so lernet sprechen: ei, so hebe dich, du leidiger Teufel, du willst mich dahin treiben, daß ich soll für mich sorgen, so doch Gott allenthalben spricht, ich soll ihn lassen für mich sorgen, und sagt: ich bin dein Gott, das ist: ich sorge für dich, halte mich dafür, und warte, was ich heiße, und lasse mich sorgen, wie Slt. Petrus lehrt (1 Petr. 5, 7): werfet alle eure Sorgen auf ihn, denn er sorgt für euch, und David (Psalm 55, 23): wirf dein Anliegen auf den Herrn, der wird dich versorgen.

Zum Dritten: ob nun wohl die Gedanken so bald nicht ablassen, denn der Teufel nicht gern abläßt, so müßt ihr wiederum auch nicht ablassen und immer das Herz davon wenden und sagen: hörest du nicht, Teufel, daß ich solche Gedanken nicht haben will? Und Gott hat sie verboten; hebe dich: ich muß jetzt an seine Gebote denken und lasse ihn derweilen für mich selbst sorgen. Bist du ja so klug in solchen Sachen, so fahre hin gen Himmel und disputire mit Gott selbst, der kann dir genug antworten. Und ihr sollt also ihn immerdar von euch weisen und das Herz auf Gottes Gebote kehren.

Zum Vierten: unter allen Geboten Gottes ist das höchste, daß wir seinen lieben Sohn, unsern Herrn, Jesum Christum, sollen vor uns bilden (vorhalten), der soll unsers Herzens täglicher und vornehmster Spiegel sein, darin wir sehen, wie lieb uns Gott hat, und wie er so hoch, als ein frommer Gott, für uns hat gesorgt, daß er auch seinen lieben Sohn für uns gegeben hat.

Hie, hie, sage ich, lernt man die rechte Kunst von der Versehung und sonst nirgends: da wird sich's finden, daß ihr an Christum glaubt. Glaubt ihr, so seid ihr berufen: seid ihr berufen, so seid ihr auch versehen gewißlich. Diesen Spiegel und Thron der Gnaden laßt euch nicht aus den Augen des Herzens reißen, sondern wenn solche Gedanken kommen und beißen, wie die feurigen Schlangen, so sehet ihr ja nicht den Gedanken und Schlangen zu, sondern kehrt eure Augen immer ab und schauet die eherne Schlange an, das ist, Christus für uns gegeben, so wird's besser werden, so Gott will.

Es muß aber, wie gesagt, gestritten sein und immer von den Gedanken gelassen. Fallen sie ein, so lasset sie wieder ausfallen, gleichwie Einer flugs ausspeit, so ihm Koth in's Maul fiel. Also hat mir Gott geholfen, denn es ist Gottes ernst Gebot, daß wir den Sohn uns einbilden (einprägen), damit er sich reichlich erzeigt hat, daß er unser Gott sei, wie das erste Gebot lehrt, der uns helfe und für uns sorge. Darum will er nicht leiden, daß wir uns selber helfen oder für uns sorgen. Denn das heißt Gott und das erste Gebot und Christum dazu verleugnen.

Der leidige Teufel, der Gott und Christo feind ist, der will uns mit solchen Gedanken wider das erste Gebot von Christo und Gott auf uns selbst und auf unsere Sorgen reißen, daß wir uns sollen Gottes Amt, welches ist für uns sorgen und unser Gott sein, unterwinden, wie er Adam im Paradies auch wollte zu einem Gott machen, daß Adam sein selbst Gott sein und selbst für sich sorgen sollte und Gott solche Sorge und göttlich Werk rauben, darüber Adam auch so gräulich gefallen ist.

So viel will ich dieß Mal euch gerathen haben und habe Hieronymus Weller, eurem Bruder, angezeigt, daß er euch ja mit Fleiß warne und ermahne, daß ihr lernt von solchen Gedanken lassen und den Teufel heimschicken, daß er sie ausgründe; der weiß wohl, wie es ihm darüber gegangen ist, nämlich, daß er von dem Himmel in den Abgrund der Hölle gefallen ist. Summa: was uns nicht geboten ist, das soll uns nicht irren noch bekümmern, es ist des Teufels Betrieb und nicht Gottes. Unser lieber Herr Jesus Christus zeige euch seine Füße und Hände und grüße euch freundlich im Herzen, auf daß ihr ihn allein ansehet und höret, bis ihr fröhlich in ihm werdet, Amen. Den letzten April Anno 1531.

Dr. Martinus Luther."

Weller, der Bruder dieser hart angefochtenen Frau, war auch sehr zur Schwermuth geneigt. Was Luther in dem Kloster erfahren hatte, das erfuhr er in Luthers Haus: er quälte sich selbst, nicht

mit beſtimmten, ſchweren Sünden, ſondern mit einem falſchen, über-
ſpannten Sündenbewußtſein. Der Reformator, welcher ihn ſchon
zwei Mal ernſtlich gewarnt hatte,[1]) richtete an ihn noch ein längeres,
herrliches Schreiben, welches deutſch alſo lautet:[2])

„Gnade und Friede in Chriſto. Mein liebſter Hieronymus,
du mußt feſt halten, daß dieſe deine Anfechtung vom Teufel iſt und
daß er ſo plagt, weil du an Chriſtum glaubſt; denn du ſiehſt, wie
ſicher und fröhlich er die grimmigſten Feinde des Evangeliums ſein
läßt, wie den Eck, Zwingli und Andere. Den Teufel müſſen wir
zu unſerm Widerſacher und Feind haben, wir alle, die wir Chriſten
ſind, wie Petrus ſagt: euer Widerſacher, der Teufel, gehet
umher (1 Petr. 5, 8). Liebſter Hieronymus, du mußt dich freuen über
dieſe Anfechtung des Teufels, denn ſie iſt ein ſicheres Zeichen, daß
du einen günſtigen und barmherzigen Gott haſt. Du ſagſt: jene
Anfechtung iſt ſchwerer, als daß du ſie tragen könneſt, und fürchteſt,
daß ſie dich ſo zerbreche und zerdrücke, daß du in Verzweiflung und
Gottesläſterung fallen möchteſt. Ich kenne dieſe Kunſt des Teufels:
wenn er Einen in dem erſten Anlauf der Anfechtung nicht werfen
kann, ſo verſucht er durch Beharrlichkeit, ihn zu ermüden und
zu ſchwächen, daß er falle und ſich für beſiegt bekenne. Derhalben
ſo oft dir dieſe Anfechtung zuſtößt, hüte dich, daß du dich in
eine Diſputation mit dem Teufel einlaſſeſt oder dieſen tod=
bringenden Gedanken nachhängſt. Denn das iſt nichts Anderes, als
dem Teufel glauben und unterliegen. Du mußt dir dann Mühe
geben, daß du dieſe von dem Teufel eingeworfenen Gedanken
ganz tapfer verachteſt. Ihn verachten bei Anfechtungen und
Krieg dieſer Art iſt die beſte und leichteſte Weiſe, den Teufel zu
überwinden, und thue du es, verlache den Widerſacher und ſuche
dir Einen, mit dem du dich unterreden kannſt. Die Einſamkeit
fliehe auf alle Weiſe; dann nämlich fängt und ſtellt er am Meiſten
nach, wenn du allein biſt. Durch Spott und Verachtung wird dieſer
Teufel überwunden, nicht durch Widerſtehen und Diſputiren. Treibe
Scherz und Spiel mit meinem Weibe und den Andern, damit du
jene teufliſchen Gedanken zum Beſten haſt, und ſei gutes Muthes,
mein Hieronymus. Dieſe Anfechtung iſt dir nothwendiger als Speiſe

---

1) Briefe, de Wette 4, 39 (1530, 19. Juni) und 130 (1530, 10. Auguſt).
2) Ebenda 4, 186.

und Trank. Ich will dir erzählen, was mir, da ich in dem Alter, in welchen du ungefähr stehst, wiederfahren ist. Als ich erst in das Kloster gegangen war, geschah es, daß ich immer traurig und trübselig umherging, und ich konnte diese Traurigkeit nicht los werden. Daher fragte ich den Dr. Staupitz, dessen ich immer gern gedenke, um Rath und beichtete und eröffnete ihm, was für schreckliche und furchtbare Gedanken ich hätte. Da sprach er: Du weißt nicht, Martinus, wie nützlich und nothwendig dir diese Anfechtung ist. Denn nicht vergebens übt dich Gott so, du wirst sehen, daß er deinen Dienst gebraucht, um große Dinge auszuführen. Und so geschah es. Denn ich bin, das darf ich mit Recht von mir sagen, ein großer Doktor geworden, was ich damals, als ich diese Anfechtung aushielt, nimmermehr geglaubt hätte. Und so wird es ohne Zweifel auch mit dir geschehen. Du wirst ein großer Mann werden. Siehe nur zu, daß du inzwischen gutes und tapferen Muthes bist und sei fest überzeugt, daß solcherlei Worte, welche vornehmlich so gelehrten und großen Männern entfallen, wie Orakel und Weissagungen sind. Ich entsinne mich, daß einst ein Mann, welchen ich über den Verlust des Sohnes tröstete, zu mir sagte: siehe zu, Martinus, du wirst noch ein großer Mann werden. Dieses Wortes gedenke ich sehr oft: es haben solche Stimmen, wie ich sagte, etwas Weissagendes und Orakelhaftes. Derhalben sei gutes Muths und stoße diese falschen Gedanken gänzlich aus. Und so oft mit solchen Gedanken der Teufel dich versucht, so suche auf der Stelle das Gespräch mit Menschen, oder trinke reichlicher, scherze, treibe Kurzweil und thue etwas Anderes, das etwas fröhlich macht. Man muß bisweilen etwas mehr trinken, scherzen, spielen und so eine kleine Sünde begehen zu Verdruß und Hohn des Teufels, damit wir ihm keinen Raum lassen, daß er über ganz leichte Dinge uns ein Gewissen mache, sonst werden wir überwunden, wenn wir uns zu ängstlich sorgen, daß wir nicht sündigen. Derhalben, wenn ein Mal der Teufel sagt: trinke nicht, so antworte du ihm: gerade um desswillen, daß du es wehrest, will ich erst trinken und will reichlich trinken in dem Namen Jesu Christi. So ist immer das Gegentheil zu thun von dem, was der Satan verbietet. Was hat's für einen andern Grund, daß ich lieber pur trinke, lieber fröhlich spreche, lieber öfters esse, als daß ich den Teufel verspotte und verachte, welcher vorhat, mich zu quälen und mit mir zu spielen? O daß ich irgend eine besondere Sünde angeben könnte, nur um den Teufel zu verspotten, auf daß er erkennete, daß ich keine Sünde anerkenne und keiner Sünde mir bewußt bin! Wir müssen den ganzen Dekalog aus den Augen und dem Sinn setzen, wenn uns, sage ich, der Teufel so bestürmt und plagt. Wenn der Teufel uns unsere Sünde vorwirft und des Todes und der Hölle schuldig erklärt, dann müssen wir so reden: ich gestehe es ein, daß ich des Todes und der Hölle schuldig bin, was denn weiter? So wirst du auch in Ewigkeit verdammt sein! Nicht im Geringsten: denn ich kenne Einen, welcher für mich gelitten und genug gethan hat, und Jesus Christus heißt er, der Sohn Gottes. Wo er bleiben wird, da werde auch ich bleiben.

Den 6. November 1530.   Dein Martin Luther."

Da ist ein Weib, der ist ein böses Wort entfallen; darüber macht sie sich die schwersten Gedanken. Luther stärkt sie so:[1]

„Gnade und Friede im Herrn, meine liebe Frau Margarita, es hat mir euer Bruder Johannes angezeigt, wie der böse Geist euer Herz damit beschwert, daß ein solch böses Wort aus eurem Munde gegangen ist: ich wollte, daß der Teufel alle die holte, so dazu gerathen haben, daß mein u. s. w. Darum er euch plagt und eingibt, als müßtet ihr sein ewiglich bleiben.

Ei, liebe Margarita, weil ihr denn fühlet und bekennet, daß es der böse Geist ist, der euch solch bös Wort herausgerissen hat, auch sein böses Eingeben ist, so sollt ihr wissen, daß Alles, was er eingibt, erlogen ist, denn er ist ein Lügner und Vater der Lügen (Joh. 8, 44). Denn gewißlich ist's nicht von Christo eingegeben, daß ihr sollt des Teufels sein, sintemalen er darum gestorben ist, daß die, so unter des Teufels Gewalt sind, von ihm sollen los werden. Darum thut ihm also, speiet den Teufel an und sprechet: hab ich gesündigt, ei, so hab ich gesündigt und ist mir leid, ich will aber darum nicht verzweifeln, denn Christus hat alle meine Sünde getragen und weggenommen, ja der ganzen Welt, wo sie ihre Sünde bekennt, sich bessert und glaubt an Christum, **der befohlen hat, Buße und Vergebung der Sünden zu predigen in seinem Namen unter allen Völkern** Luk. 24 (V. 47). Und wie wollte ich thun, wenn ich Mord, Ehebruch u. s. w. begangen, ja

---

1) Briefe, de Wette 5, 529. Wohl eine Eschat zu Herzberg 6, 494.

Christum selbst gekreuzigt hätte: dennoch ist's vergeben laut seines Gebets am Kreuz: Vater, vergib ihnen (Luk. 23, 34). Das bin ich schuldig zu glauben, dazu bin ich auch losgesprochen: darum hebe dich, Teufel, hinweg.

Derhalben sollst du, liebe Margarita, nicht deinen noch des Teufels Gedanken glauben, sondern uns Predigern, welchen Gott befohlen hat, die Seelen zu unterrichten, zu trösten und loszusprechen, wie er spricht (Matth. 16, 19. Joh. 20, 23): was ihr löset, soll los sein: solches sollst du glauben und daran gar nicht zweifeln. Nun sprechen wir Prediger dich los und frei in Christi Namen und auf seinen Befehl, nicht allein von dieser einigen Sünde, sondern von allen Sünden, die dir angeboren sind von Adam, welche so groß und viel sind, daß sie Gott uns zu gut nicht will in diesem Leben all und ganz sehen und recht fühlen lassen, denn wir könnten's nicht ertragen, viel weniger uns zurechnen, so wir an ihn glauben.

Darum sei zufrieden und getrost, dir sind deine Sünden vergeben: darauf verlasse dich kühnlich', kehre dich nicht an deine Gedanken, sondern höre allein, was dir deine Pfarrherrn und Prediger aus Gottes Wort vorsagen, verachte ihr Wort und ihren Trost nicht. Denn Christus selbst ist es, der durch sie mit dir redet, wie er spricht: wer euch höret, der höret mich. Luk. 10 (V. 16). Solches glaube, so wird der Teufel weichen und aufhören. Bist du aber noch schwachgläubig, so sprich: ich wollte ja gerne stärker glauben, weiß auch wohl, daß solches wahr und zu glauben ist. Ob ich's nun nicht genugsam glaube, so weiß ich doch, daß es die lautere Wahrheit ist. Das heißt auch glauben zur Gerechtigkeit und Seligkeit, wie Christus spricht (Matth. 5, 6): selig sind, die da hungert und dürstet nach der Gerechtigkeit.

Christus, der liebe Herr, welcher ist um unserer Sünde willen dahingegeben und um unserer Gerechtigkeit willen auferweckt (Röm. 4, 25), der tröste und stärke dein Herz im rechten Glauben: der Sünden halber hat's keine Noth.

Donnerstag nach Epiphaniä (11. Januar) Anno 1543.

Dr. Martinus Luther."

Seinen Herzensfreund, den Georg Spalatin, welcher sich über einen Entscheid in einer Ehesache die bittersten Vorwürfe hinterher machte, stärkte er in seiner Anfechtung mit diesem Schreiben:[1]

---

[1] Briefe, de Wette 5, 679.

„Gnade und Friede von dem Herrn und Trost des heiligen Geistes, Amen. Ich habe ein herzlich Mitleid mit dir, mein allerliebster Spalatin, und bitte den Herrn, daß er dich stark und fröhlich mache. Auf meine Frage, an welcher Krankheit du littest, ist mir geantwortet worden, daß Etliche glauben, du würdest von dem Geist der Schwermuth geplagt wegen jenes Falles mit dem Pfarrer, der die Stiefmutter seiner verstorbenen Frau geheirathet hat. Wenn es anders ist, so bitte ich dich bei dem Herrn Christus, so sehr ich kann, du wollest auf dir und in deinen Gedanken nicht stehen, sondern den Bruder in Christo hören, der mit dir spricht. Sonst wird die Traurigkeit dich tödten, welche, wie Paulus (2 Kor. 7, 10) sagt, **den Tod wirkt,** wie ich an mir selber es öfters erfahren habe und 1540 zu Weimar an M. Philippus, welchen in dem Fall mit dem Landgrafen die Traurigkeit schon getödtet hatte, aber Christus erweckte ihn durch meinen Mund wieder von den Todten.

Nun ich setze es, daß du schuldig bist, und in diesem Falle gesündigt hast, oder mehr und schwerer, als Manasse, dich vergangen hast, obschon die Aergernisse, die derselbe anrichtete, nicht konnten geheilt werden die ganze folgende Zeit hindurch bis zu der Zerstörung Jerusalems; deines aber ist leicht zu heilen und auch nur zeitlich: ich setze, sage ich, daß du schuldig bist; soll deßhalb die Traurigkeit dich tödten und willst du dadurch, daß du dich selbst tödtest, noch weit mehr sündigen? Es ist genug, gesündigt zu haben, die Sünde möge entschwinden, die Traurigkeit, die viel größere Sünderin, weiche. **Ich will nicht,** spricht er (Hesek. 33, 11), **den Tod des Sünders, sondern vielmehr, daß er sich bekehre und lebe.** Soll denn bei dir allein die Hand des Herrn zu kurz sein? Will er bei dir nicht mitleidig und barmherzig sein? Willst du allein etwa mit deiner Sünde machen, daß wir keinen Hohenpriester haben, der Mitleid hat mit unsrer Schwachheit? Glaubst du denn, daß es etwas Wunderbares und Neues sei, wenn Einer, der im Fleische lebt und von so vielen feurigen Pfeilen der Teufel ringsum bedroht ist, ein Mal verwundet, oder selbst hingeworfen wird? Du scheinst mir nicht erfahren zu sein in dem Kampf gegen die Sünde, gegen das Gewissen und Gesetz; oder hat der Satan aus deinen Augen und deinem Gedächtniß alle jene Schriftstellen entrückt, in welchen du über das Amt und die Wohlthat Christi unterrichtet worden bist; ja alle deine herrlichen Predigten, durch welche du die

Kirche gelehrt, ermahnt und getröstet hast mit großer Zuversicht und Jauchzen des Geistes? Oder bist du bis jetzt ein zu zarter Sünder gewesen, der sich ein Gewissen gemacht hat allein über geringe Sünden? Aber, ich bitte dich, geselle dich zu uns, den wahren, großen und harten Sündern, damit du uns nicht Christum verringerst und schmälerst, welcher nicht ist ein Heiland der eingebildeten und leichten Sünder, sondern der wahren, nicht bloß kleinen, sondern großen, ja der größten, überhaupt aller Sünder. So tröstete mich ein Mal mein Staupitz in meiner Traurigkeit. Du, sprach er, willst ein erdichteter Sünder sein und Christus für einen erdichteten Heiland halten. Du mußt dich daran gewöhnen, daß Christus ein wahrer Heiland ist und du ein wahrer Sünder bist. Gott thut nichts zum Scherz und Schein und spaßt nicht, wenn er seinen Sohn sendet und für uns dahin gibt.

Wenn dieses und ähnliches der Satan aus dem Gedächtniß gerissen hat, daß du selbst es dir nicht vorhalten kannst, wohlan, so merke auf und höre, was ich als Bruder sage, welcher außerhalb deiner Traurigkeit steht und tapfer ist. Und darum steht, daß du Schwacher, vom Satan gejagt und geschreckt, an ihn dich anlehnen und an ihm dich aufrichten mögest, bis auch du, wieder aufgerichtet, des Teufels spottest und singst: ich bin gestoßen und erschüttert, daß ich fiel, aber der Herr hilft mir (Psalm 118, 13). Denke, ich sei Skt. Petrus, welcher dir die Hand reicht und spricht: im Namen Jesu stehe auf und wandle! (Apostelg. 3, 6). So, mein Spalatin, höre und glaube das, was Christus durch mich zu dir spricht, denn ich irre mich nicht, das weiß ich, noch rede ich teuflisch. Christus spricht durch mich und befiehlt, daß du deinem Bruder in dem gemeinsamen Glauben an ihn glaubst. Er selbst spricht dich los von dieser Sünde und allen; so haben wir Theil an deinen Sünden und tragen dich zugleich. Siehe zu, daß du Theil habest mit uns an dem Trost, der gewiß und wahr ist, von Gott selbst uns befohlen, daß wir ihn geben, und dir befohlen, daß du ihn annimmst, weil wie wir nicht wollen, daß du durch Traurigkeit gequält werdest, so er selbst es viel weniger will. Wolle den nicht zurückweisen, der befiehlt und tröstet und deine Traurigkeit, das ist die Plage des Satans, haßt und verdammt. Lasse nicht zu, daß der Teufel dir einen andern Christus vormale, als er in Wahrheit ist. Teufels Werk ist deine Traurigkeit, welche Christus verscheuchen will, wenn du es leidest. Genug bist du zerschlagen, genug hast du gelitten, genug hast du gebüßt, ja weit mehr als genug.

Bedenke, mein Spalatin, mit welch treuem Herzen ich mit dir handle und rede. Glaube, du dankst mir am Besten, wenn du diesen meinen Trost zuläßt, das ist die Vergebung, die Lossprechung und Wiedererweckung des Herrn selbst. Wenn du ihn zuläßt, so wirst du merken — wenigstens später —, daß du auch dem Herrn das angenehmste Opfer dargebracht hast, wie geschrieben steht (Psalm 147, 11): der Herr hat Gefallen an denen, die ihn fürchten, die auf seine Güte hoffen. Darum fahre hin die Traurigkeit des Teufels, welcher uns in dir hart trifft und auch unsre Freude zu verstören wagt, ob er etwa Alle mit einem Male erschlagen könnte. Aber Christus schilt ihn und wird ihn schelten, welcher dich durch seinen Geist stärken und bewahren wolle, Amen. Tröste dein Weib auch du mit diesen und besseren Worten. Ich konnte keinen zweiten Brief schreiben aus Mangel an Zeit.

Zeitz, den 21. August 1544.

Dein Martin Luther."

7. Wie Luther die Sterbenden zubereitete.

In den Bemerkungen zu Jesajas 38, 10 spricht sich Luther kurz und bündig über die rechte Art und Weise auf einen seligen Tod vorzubereiten, also aus: „so haben die Mönche viel von der Vorbereitung zum Tode geschrieben, aber es ist alles dahinaus gekommen: man solle die Welt verlassen, d. i. in eine Wüste oder in ein Kloster gehen, und daselbst, ich weiß nicht, was für Betrachtungen anstellen. Aber das sind lauter eitle Possen. Denn die wahre Vorbereitung zum Tode ist die Uebung des Glaubens, daß man weiß, daß der Tod, die Sünde, die Hölle, der Satan durch Christum den Gekreuzigten überwunden und zu Boden geworfen sind. Daß wir nämlich den Tod, nicht wie er an und für sich ist oder uns vorkommt, ansehen, sondern wie er in Christo ist. Dieses Anschauen der ehernen Schlange wird uns erhalten. Und es kann auch keine andre Hoffnung oder Weise, selig zu werden, irgend sein, als wenn man auf Christum den Ueberwinder sieht, in welchem der

---

1) Werke, Walch 6, 736.

Tod zu Boden getreten, die Sünde überwunden, der Satan darniedergetreten ist. An dessen Kreuze hängen die Siegeszeichen von unsern überwundenen Feinden und Tyrannen. Also kann das Herz den Tod sicher ansehen und es erschrickt vor dem Gespenste nicht.

Sonst außer Christo den Tod ansehen und mit demselben streiten ist gleichsam mitten im Meere schwimmen. Je, so steige doch lieber in das Schiff und bleib auf dem Mastbaum, auf welchem die Siegeszeichen aufgehängt sind. Und siehe nicht weder auf dich noch auf deine Verdienste: sonst wirst du ersaufen. Sondern gehe hin von dir aus und gehe hin zu Christus, welcher das Lamm Gottes ist und das Opfer für unsere Sünden, so aller unser Sünden auf sich genommen und an seinem Leibe überwunden hat, in welchem der Teufel und der Tod gekreuzigt ist. Das ist die einige Art und Weise, den Tod zu verachten. Denn welche die Sterbenden also trösten, daß der Tod allen Trübsalen und Fährlichkeiten dieses Lebens ein Ende mache, derselbigen Trost ist nicht stark und kann das Herz im Kampf nicht aufrichten. Denn es däucht ihnen, es wären noch größere Uebel nach dem Tode übrig." Auf das Opfer, auf das Verdienst Jesu Christi, unsers Herrn und Erlösers, sind die Menschen hinzuweisen und Luther freut sich, daß man in der katholischen Kirche dieses in der letzten Stunde, in der wirklichen Sterbensnoth nicht ganz verabsäumt hat. In der kurzen Erklärung des Galaterbriefes bemerkt er zu 5, 2 [1]): „mir gefällt die Weise sehr wohl, daß man den Sterbenden allein Christum den Gekreuzigten vorsage und einpräge und daß man sie vermahne zu dem Glauben und zu der Hoffnung. Denn da allein, wie sehr uns auch geäfft haben das ganze Leben lang die seelenmörderischen Sophisten, fällt dahin der freie Wille, fallen dahin die guten Werke, fällt dahin die Gerechtigkeit des Gesetzes und bleibt allein der Glaube und die Anrufung der lautersten Barmherzigkeit Gottes, daß ich auch oft der Meinung gewesen bin, in dem Tode gäbe es mehr oder bessere Christen, als in dem Leben. Denn um wie viel freier von guten Werken die Zuversicht ist und allein auf Christus gerichtet, um so besser wird der Christ. Und auf diesen Glauben sind alle guten Werke des ganzen Lebens zu richten. Aber nun werden wir durch so viele Nebel, Wolken und Windwirbel der menschlichen Ueber-

---

1) Op. ex. ep. ad Gal. III, 368. Walch 9, 265.

lieferungen und Satzungen, wie der ungelehrten Ausleger der Schrift und Prediger in unsere Verdienste hineingetrieben, thun aus uns selbst genug für die Sünden und richten unsre Werke nicht dahin, daß wir die Schwachheiten des Fleisches ablegen und den Leib der Sünde vernichten, sondern häufen, als wären wir schon reine und heilige Leute, viel guter Werke zusammen, gleichwie man den Weizen in der Scheuer zusammenbringt, durch welche wir Gott zu einem Schuldner machen und im Himmel, ich weiß nicht, wie hoch sitzen wollen. Blind, blind, blind! Diesen allen nützt Christus nichts: sie machen sich selbst auf einem andern Wege gerecht."

Wie Luther selbst die Sterbenden zu einem seligen Abschiede aus diesem zeitlichen Leben zubereitete, können wir aus zwei Briefen entnehmen. Mit Bedauern hörte er, welcher ein treues, dankbares Herz in seinem Busen trug, daß die Wallfahrt seines lieben Vaters sich dem Ende nähere. Er konnte nicht nach Mansfeld eilen, um dem Sterbenden zu rathen und zu helfen: mit einem Briefe mußte er sich zufrieden geben. Er lautet also[1]):

„Meinem lieben Vater, Hans Luther, Bürger zu Mansfeld im Thal, Gnade und Friede in Christo Jesu, unserm Herrn und Heiland, Amen.

Lieber Vater, es hat mir Jakob, mein Bruder, geschrieben, daß ihr gefährlich krank sein sollt. Weil denn jetzt böse Luft und sonst allenthalben Gefahr ist, auch der Zeit halben, bin ich bewegt, für euch zu sorgen. Denn wiewohl euch Gott bisher einen festen, harten Leib gegeben und erhalten, macht mir doch euer Alter zu diesen Zeiten sorgliche Gedanken: wiewohl wir alle ohne das keine Stunde unsres Lebens sicher sind noch sein sollen. Derhalben ich aus der Maßen gern wäre selbst zu euch gekommen leiblich: so haben mir's doch meine guten Freunde widerrathen und ausgeredet, und ich selbst auch denken muß, daß ich nicht auf Gottes Versuchen in die Fahr mich wagte, denn ihr wisset, wie mir Herrn und Bauern günstig sind.

Aber große Freude sollte mir's sein, wo es möglich wäre, daß ihr euch ließet sammt der Mutter hierher fahren zu uns, welches meine Käthe mit Thränen auch begehret und wir alle. Ich hoffe,

---

1) Briefe, de Wette 3, 550.

wir wollten euer auf's Beste warten. Darauf hab ich Cyriakus[1]) zu euch abgefertigt, zu sehen, ob es eurer Schwachheit halben möglich wäre. Denn es geriethe mit euch nach göttlichem Willen zu diesem oder jenem Leben, so wollte ich ja herzlich gern, wie auch wohl billig, leiblich um euch sein und nach dem vierten Gebot mit kindlicher Treue und Dienst mich gegen Gott und euch dankbar erzeigen.

Indeß bitte ich den Vater, der euch mir zum Vater geschaffen und gegeben hat, von Herzensgrund, daß er euch nach seiner grundlosen Güte wolle stärken und mit seinem Geist erleuchten und bewahren, damit ihr erkennet mit Freuden und Danksagung die selige Lehre von seinem Sohne, unsrem Herrn Jesu Christo, zu welcher auch ihr jetzt durch seine Gnade berufen und gekommen seid aus der gräulichen, vorigen Finsterniß und Irrthum, und hoffe, daß seine Gnade, so solche Erkenntniß euch gegeben und sein Werk damit in euch angefangen hat, werde es bis zu Ende in jenes Leben und auf die fröhliche Zukunft unsers Herrn Jesu Christi bewahren und vollbringen, Amen.

Denn er hat solche Lehre und Glauben auch schon in euch versiegelt und mit Merkzeichen bestätigt, nämlich, daß ihr um meines Namens willen viel Lästerung, Schmach, Hohn, Spott, Verachtung, Haß, Feindschaft und Fahr dazu erlitten habt sammt uns allen. Das sind aber die rechten Malzeichen, darin wir unserm Herrn Christo gleich und ähnlich müssen sein, wie Skt. Paulus sagt (Röm. 8, 29), auf daß wir auch seiner zukünftigen Herrlichkeit gleich werden.

So laßt nun in eurer Schwachheit das Herz frisch und getrost sein, denn wir haben dort in jenem Leben bei Gott einen gewissen, treuen Helfer, Jesum Christum, welcher für uns den Tod sammt den Sünden erwürgt hat, und jetzt da für uns sitzt und sammt allen Engeln auf uns sieht und unser wartet, wenn wir ausfahren sollen, daß wir nicht sorgen noch fürchten dürfen, daß wir versinken oder zu Grund fallen werden. Er hat zu große Gewalt über Tod und Sünde, daß sie uns nichts thun können: so ist er so herzlich treu und fromm, daß er uns nicht lassen kann noch will; allein, daß wir's ohne Zweifel begehren.

---

1) Dieser Cyriakus hieß Kaufmann und war ein Sohn von Luther's Schwester, die in Mansfeld an einen gewissen Georg Kaufmann verheirathet war. Vgl. Briefe, de Wette 6, 123 und 151. Er ist oben S. 8 schon erwähnt.

Denn er hat's geredet, verheißen und zugesagt, er wird und kann uns nicht lügen noch trügen, das hat keinen Zweifel. Bittet, spricht er (Matth. 7, 7), so sollt ihr's kriegen; suchet, so sollt ihr's finden; klopfet an, so wird euch aufgethan werden. Und anderswo (Apostelg. 2, 21): Alle, die den Namen des Herrn anrufen, sollen selig werden. Und der ganze Psalter voll solcher tröstlicher Verheißung ist, sonderlich der 91. Psalm, welcher allen Kranken sonderlich gut zu lesen ist.

Solches will ich mit euch schriftlich geredet haben als in Sorgen eurer Krankheit halben, bieweil wir das Stündlein nicht wissen, damit ich theilhaftig werde eures Glaubens, Kampfes, Trostes und Dankes gegen Gott, für sein heiliges Wort, das er uns so reichlich, kräftig und gnadenreich zu dieser Zeit gegeben hat.

Ist's aber sein göttlicher Wille, daß ihr sollt, jenes bessern Lebens noch länger verzogen (ermangelnd), mit uns fürder in diesem betrübten und unseligen Jammer mit leiden und Unglück sehen und hören, oder auch sammt allen Christen helfen tragen und überwinden: so wird er euch Gnade geben, solches Alles williglich und gehorsamlich anzunehmen. Es ist ja doch dieses verfluchte Leben nichts Anderes, denn ein rechtes Jammerthal, darin man, je länger, je mehr, Sünde, Bosheit, Plage und Unglück sieht und erfährt, und ist deß alles kein Aufhören noch Abnehmen da, bis man uns mit der Schaufel nachschlägt: da muß es doch aufhören und uns zufrieden in der Ruhe Christi schlafen lassen, bis er kommt und wecke uns mit Fröhlichsein wiederum auf, Amen.

Hiemit befehle ich euch dem, der euch lieber hat, denn ihr euch selbst, und solche Liebe bewiesen hat, daß er eure Sünde auf sich genommen und mit seinem Blut bezahlt und solches euch durch das Evangelium wissen lassen und durch seinen Geist solches zu glauben geschenkt und also Alles auf das Gewisseste bereitet und versiegelt hat, daß ihr nicht mehr dürft weder sorgen noch euch fürchten, denn daß ihr mit eurem Herzen fest und getrost bleibet an seinem Wort und Glauben. Wo das geschieht, so lasset ihn sorgen, er wird's wohl machen, ja er hat's alsdann schon auf's Allerbeste gemacht, mehr denn wir begreifen mögen. Derselbige unser lieber Herr und Heiland sei mit und bei euch, auf daß, Gott gebe, es geschehe hie oder dort, wir uns fröhlich wiederum sehen mögen. Denn unser Glaube ist gewiß und wir zweifeln nicht, daß wir uns bei Christo wiederum sehen werden in Kurzem, sintemalen der Abschied von diesem Leben vor Gott viel geringer ist, denn ob ich von Mansfeld hieher von euch oder ihr von Wittenberg gen Mansfeld von mir zöget. Das ist gewißlich wahr, es ist um ein Stünblein Schlafs zu thun, so wird's anders werden.

Wiewohl ich nun hoffe, daß euere Pfarrherrn und Prediger euch in solchen Sachen ihren treuen Dienst reichlich werden erzeigen, daß ihr meines Geschwätzes nicht sehr bedürft; hab' ich doch nicht lassen mögen, mein leiblich Abwesen, daß mir — Gott weiß — von Herzen wehe thut, zu entschuldigen.

Es grüßen euch und bitten auch treulich für euch meine Käthe, Hänschen, Lenchen, Muhme Lehne und das ganze Haus. Grüßet meine liebe Mutter und die ganze Freundschaft. Gottes Gnade und Kraft sei und bleibe bei euch ewiglich, Amen.

Zu Wittenberg am 15. Februar Anno 1530.

Euer lieber Sohn
Martinus Luther."

An des Sohnes Brief erbaute sich der sterbenskranke Vater: er siechte langsam dahin, erst am 29. Mai 1530 entschlief er in dem Herrn. „Als ihn nun", erfahren wir aus den Tischreden [1]), „Herr Michael Coelius, Pfarrherr in Thal Mansfeld, in den letzten Zügen gefragt hatte, ob er auch all dasjenige glaubte, was in den Artikeln des christlichen Glaubens uns gelehrt und vorgehalten würde, da hat er darauf geantwortet: das müßte ja ein Lauer sein, der das nicht glauben wollte. Da das Dr. Luther wieder vermeldet worden, hat er gesagt: das ist ein Wort von der alten Welt. Aber Philippus Melanchthon hat darauf zu Dr. Luther gesagt: lieber Herr Doktor, das sind selige Leute, die also in der Erkenntniß Christi dahinsterben!"

Ein Jahr nach des Vaters Tod verfiel Luther's Mutter, Margarethe geb. Ziegler, in große Schwachheit; man sah, daß ihr Stünblein geschlagen hatte, und benachrichtigte den fernen Sohn. Ein Brief, der ihr den rechten Sterbenstrost an's Herz legt, war die Antwort [2]).

1) Aurif. 500 b. Först. 4, 276.
2) Briefe, de Wette 4, 257.

„Gnade und Friede in Christo Jesu, unserm Herrn und Hei=
land, Amen. Meine herzliebe Mutter, ich hab die Schrift meines
Bruders Jakob von eurer Krankheit empfangen und ist mir ja herz=
lich leid, sonderlich daß ich nicht kann leiblich bei euch sein, wie ich
wohl gern wäre: aber doch erscheine ich hie mit dieser Schrift
leiblich und will ja nicht von euch sein geistlich sammt allen den
Unsern.

Wiewohl ich aber hoffe, daß euer Herz ohne das längst und reich=
lich genug unterrichtet ist und ihr, Gott Lob, sein tröstlich Wort wohl
inne habt, dazu mit Predigern und Tröstern allenthalben versorgt
seid: so will ich doch das Meine auch thun und meiner Pflicht nach
mich für euer Kind und euch für meine Mutter erkennen, wie unser
beider Gott und Schöpfer uns gemacht und gegen einander ver=
pflichtet hat, damit ich zugleich den Haufen eurer Tröster vermehre.

Erstlich, liebe Mutter, wisset ihr von Gottes Gnade nun wohl,
daß eure Krankheit seine väterliche, gnädige Ruthe ist und gar eine
geringe Ruthe gegen die, so er über die Gottlosen, ja, auch oft über
seine eignen, lieben Kinder schickt, da Einer geköpft, der Andere ver=
bannt, der Dritte ertränkt wird, und so fortan, daß sie allesammt
müssen singen: wir werden um beinetwillen täglich ge=
tödtet und sind gleichwie die Schlachtschafe. (Psalm
44, 23. Röm. 8, 36). Darum euch solche Krankheit nicht soll be=
trüben noch bekümmern, sondern sollt sie mit Dank annehmen, als
von seiner Gnade zugeschickt: angesehen, wie gar ein geringes Leiden
es ist, wenn es gleich zum Tode oder Sterben sollte gehen, gegen
das Leiden seines eignen, lieben Sohnes, unsers Herrn Jesu Christi,
welches er nicht für sich selbst, wie wir, hat leiden müssen, sondern
für uns und unsre Sünde erlitten hat.

Zum Andern wisset ihr, liebe Mutter, auch das rechte Haupt=
stück und den Grund eurer Seligkeit, worauf ihr euren Trost setzen
sollt in dieser und allen Nöthen, nämlich den Eckstein Jesum Chri=
stum, der uns nicht wanken noch fehlen wird, auch uns nicht sinken
noch untergehen lassen kann. Denn er ist der Heiland und heißt
der Heiland aller armen Sünder und Aller, die in Noth und Tod
stecken, so auf ihn sich verlassen und seinen Namen anrufen.

Er spricht (Joh. 16, 33): seid getrost, ich habe die Welt
überwunden. Hat er die Welt überwunden, so hat er auch
gewißlich den Fürsten der Welt mit aller seiner Macht überwunden.

Was ist aber seine Macht anders denn der Tod, damit er uns unter sich geworfen und um unsrer Sünde willen gefangen hatte? Aber nun der Tod und die Sünde überwunden ist, mögen wir fröhlich und tröstlich das süße Wort hören: seid getrost, ich habe die Welt überwunden.

Und sollen ja nicht zweifeln, es sei gewißlich wahr, und nicht allein das, sondern uns wird auch geboten, daß wir sollen mit Freuden uns solches Trostes annehmen und mit aller Danksagung. Und wer sich solche Worte nicht wollte trösten lassen, der thäte dem lieben Tröster Unrecht und die größte Unehre, gleich als wäre es nicht wahr, daß er uns heißt getrost sein; oder als wäre es nicht wahr, daß er die Welt hätte überwunden, damit wir den überwundenen Teufel, Sünde und Tod uns selbst wieder zum Tyrannen stärken wider den lieben Heiland, davor uns Gott behüte.

Derhalben mögen wir nun mit aller Sicherheit und Freudigkeit uns freuen, und wo uns will etwa ein Gedanke von der Sünde oder dem Tode erschrecken, wir dagegen unser Herz erheben und sagen: siehe, liebe Seele, wie thust du? Lieber Tod, liebe Sünde, wie lebst du und schreckst mich? Weißt du nicht, daß du überwunden und du, Tod, gar todt bist? Kennst du nicht Einen, der von dir sagt: ich habe die Welt überwunden? Mir gebührt nicht dein Schrecken zu hören noch anzunehmen, sondern die Trostworte meines Heilandes: seid getrost, seid getrost, ich habe die Welt überwunden.

Das ist der Siegsmann, der rechte Held, der mir hiermit seinen Sieg gibt und zueignet: seid getrost. Bei dem bleibe ich, an dessen Wort und Trost halte ich mich, darauf bleibe ich hier oder fahre dorthin, er lügt mir nicht. Dein falsches Schrecken wollte mich gern betrügen und mit Lügengedanken von solchem Siegsmann und Heiland reißen: und ist doch erlogen, so wahr es ist, daß er dich überwunden und uns getrost zu sein geboten hat.

Also rühmt St. Paulus auch und trotzt wider des Todes Schrecken (1 Cor. 15, 55): der Tod ist verschlungen in den Sieg. Tod, wo ist dein Sieg? Hölle, wo ist dein Stachel? Schrecken und reizen kannst du wie ein hölzern Todesbild, aber Gewalt hast du nicht zu würgen. Denn dein Sieg, Stachel und Kraft ist in den Sieg Christi verschlungen, die Zähne magst du blecken, aber fressen kannst du nicht. Denn Gott hat uns ben Sieg wiber bich gegeben burch Jesum Christum, unsern Herrn, bem sei Lob und Dank gesagt, Amen.

Mit solchen Worten und Gedanken, liebe Mutter, lasset sich euer Herz bekümmern und sonst mit Nichts und seid ja bankbar, daß euch Gott zu solcher Erkenntniß gebracht hat und nicht lassen stecken in dem päpstischen Irrthum, da man uns gelehrt hat, auf unser Werk und der Mönche Heiligkeit bauen und diesen einigen Trost, unsern Heiland, nicht für einen Tröster, sondern für einen grausamen Richter und Tyrannen halten, daß wir von ihm zu Maria und den Heiligen haben müssen fliehen und uns keiner Gnade und keines Trostes zu ihm haben versehen können.

Aber nun wissen wir's anders von der grundlosen Güte und Barmherzigkeit unsres himmlischen Vaters, daß Jesus Christus unser Mittler und Gnadenstuhl ist und unser Bischof im Himmel vor Gott, der uns täglich vertritt und versöhnt, Alle, bie nur an ihn glauben und ihn anrufen, und nicht ein Richter ist noch grausam, ohne allein über bie, so ihm nicht glauben noch seinen Trost und seine Gnade annehmen wollen. Er ist nicht der Mann, der uns verklagt oder broht, sondern der uns versühnt und vertritt burch seinen eigenen Tob und sein Blut, für uns vergossen, baß wir uns nicht vor ihm fürchten, sondern mit aller Sicherheit zu ihm treten und ihn nennen sollen: lieber Heiland, bu süßer Tröster, bu treuer Bischof unsrer Seelen.

Zu solcher Erkenntniß, sage ich, hat euch Gott gnädiglich berufen, beß habt ihr seine Siegel und Briefe nämlich die Taufe, das Sakrament und das Evangelium, so ihr höret predigen, also daß es keine Fahr noch Noth mit euch haben soll. Seid nur getrost und banket mit Freuden solcher großen Gnaden halber. Denn der es in euch angefangen hat, wird es auch gnädiglich vollenden. Denn wir können uns selbst in solchen Sachen nicht helfen, wir mögen der Sünde, dem Tode und dem Teufel nichts abgewinnen mit unsern Werken: barum ist ba an unsrer Statt und für uns ein Anbrer, der es besser kann und uns seinen Sieg gibt und befiehlt, baß wir's annehmen und nicht daran zweifeln sollen, und spricht (Joh. 16, 33): seid getrost, ich habe die Welt überwunden, und abermals (Joh. 14, 19): ich lebe und ihr sollt auch leben und (16, 22): eure Freude soll Niemand von euch nehmen.

Der Vater und Gott alles Trostes verleihe euch durch sein heiliges Wort und seinen Geist einen festen, fröhlichen und dankbaren Glauben, damit ihr diese und alle Noth mögt seliglich überwinden und endlich schmecken und erfahren, daß es die Wahrheit sei, da er selbst spricht: seid getrost, ich habe die Welt überwunden. Und befehle hiermit euren Leib und eure Seele in seine Barmherzigkeit, Amen. Es bitten für euch alle eure Kinder und meine Käthe. Etliche weinen, etliche essen und sagen: die Großmutter ist sehr krank. Gottes Gnade sei mit uns allen, Amen.

Am Sonnabend nach Himmelfahrt (20. Mai) 1531.

Euer lieber Sohn
Mart. Luther."

Den 30. Juni 1531 hatte die zum Tode durch ihren Sohn zubereitete Mutter ihr irdisches Tagewerk selig vollendet.

Luther versichert seinen Vater und seine Mutter, die im Sterben lagen, seines treuen Gebetes: wir sind im Stande, mehrere solcher Gebete mitzutheilen, welche er den Sterbenden vorsprach, daß sie aus ihnen sich stärken und rüsten sollten zu einer Heimfahrt in Frieden. „Christus, unser lieber Herr und Heiland," flehte er das eine Mal,[1] „sei uns gnädig, daß wir nicht in Anfechtung fallen, sondern erhalte uns rein, unsträflich, einfältig, im rechten Glauben und erlöse uns von allem Uebel durch einen seligen Abschied von diesem Jammerthal, das ist aus dem Reiche des leidigen Teufels und seiner Welt. Dir sei Lob und Dank mit dem Vater und dem heiligen Geiste in Ewigkeit, Amen." Das andere Mal betete er:[2] „Lieber Herr Christe, ob ich gleich nicht das Gesetz erfülle und ob noch wohl Sünde vorhanden ist und ich mich vor dem Tod und der Hölle fürchte; so weiß ich doch dieß aus dem Evangelium, daß du mir alle deine Werke geschenkt und gegeben hast. Deß bin ich gewiß, du lügest nicht, deine Zusagen wirst du wahrhaftig halten und deß zum Zeichen habe ich die Taufe empfangen. Weil du denn, lieber Gott, mein bist, will ich gern sterben; denn also gefällt es dir, mein Vater, und der Tod kann mir nicht schaden, er ist verschlungen in den Sieg. Und dir, lieber Herr Gott, sei Dank, der du uns den

1) Werke, Walch 14, 327.
2) Ebenda 21, 257.

Sieg gegeben haſt, durch unſern Herrn Jeſum Chriſtum, Amen."
Das dritte Mal aber ſprach er alſo[1]): „Allmächtiger, ewiger Gott,
barmherziger Herr und Gott, der du biſt ein Vater unſres lieben
Herrn Jeſu Chriſti. Ich weiß gewiß, daß du Alles, was du geſagt
haſt, auch halten willſt und kannſt, denn du kannſt nicht lügen, dein
Wort iſt wahrhaftig. Du haſt mir im Anfange deinen lieben, einigen
Sohn Jeſum Chriſtum zugeſagt, derſelbige iſt gekommen und hat
mich von Teufel, Tod, Hölle und Sünde erlöſt, darnach zu mehrer
Sicherheit aus gnädigem Willen mir die Sakramente des Altars
und der Taufe geſchenkt, darinnen mir angeboten Vergebung der
Sünden, ewiges Leben und alle himmliſchen Güter. Auf ſolches
dein Anerbieten hab ich dieſelbigen gebraucht und im Glauben auf
dein Wort mich feſt verlaſſen und ſie empfangen. Derhalben ich
nun gar nicht zweiſle, daß ich wohl ſicher und zufrieden bin vor
Teufel, Tod, Hölle und Sünde. Iſt dieſes meine Stunde und dein
göttlicher Wille, ſo will ich in Friede mit Freuden auf dein Wort
gern von hinnen ſcheiden, Amen."

An zwei Sterbebetten folgen wir noch dem theuren Gottesmanne: beide befinden ſich in ſeinem eigenen Hauſe. Eine Tante
ſeiner Frau, welche einſt in dem Nimbſchener Kloſter ihrer jüngeren
Verwandten ſich gewiß treulich angenommen hatte, war als werthes
Familienglied, Muhme Lehne von Alt und Jung genannt, von
Luther in's Haus aufgenommen worden. Hart krank liegt 1537
dieſe „ehrliche Matrone" darnieder; ihre Sinne ſind ſchon ſtumpf geworden, da kommt der Hausvater und tröſtet ſie alſo[2]): „Muhme
Lehne, kennet ihr mich auch und vernehmt ihr mich? Und da ſie
ihn verſtand und kannte, ſprach er zu ihr: euer Glaube ſteht doch
ganz und gar auf dem Herrn Chriſto? Darnach ſagte er darauf:
derſelbige iſt die Auferſtehung und das Leben. Euch wird nichts
wehren, ihr werdet nicht ſterben, ſondern wie in einer Wiege ent-
ſchlafen und, wenn die Morgenröthe aufgehen wird, ſollt ihr wieder
aufſtehen und ewig leben. Da ſprach ſie: o ja! Da fragte ſie der
Doktor und ſprach: habt ihr keine Anfechtung? Nein, ſagte ſie.
Wie, thut euch denn nichts weh? Ja, ſprach ſie, um's Herz iſt mir

1) Tiſchreden. Aurif. 501 a. Förſt. 4, 278. Vgl. Auriſ. 326 a. Forſt. 3, 153.
2) Ebenda. Auriſ. 325 b. Förſt. 3, 153.

weh. Da sagte er: der Herr wird euch bald erlösen von allem Uebel, ihr werdet nicht sterben! und wandte sich zu uns und sprach: o wie wohl ist der, denn das ist kein Tod, sondern ein Schlaf, und ging alsbald allein an das Fenster und betete und ging also von ihr wieder weg um 12 Nachmittag. Auf den Abend aber um sieben schlief sie in Christo fein sanft ein." Ein liebes Töchterlein Luther's, wohl nach dieser Muhme, die in dem Kloster 1502—1508 Siechenmeisterin gewesen war und ihre Kunst auch in dem Hause ihres Neffen geübt hatte, Magdalene genannt, liegt schwer darnieder. „Ich habe sie sehr lieb, aber, lieber Gott, da es dein Wille ist, daß du sie dahin nehmen willst, so will ich sie gerne bei dir wissen [1])": so stillt der fromme Vater sein bekümmert Herz und spricht dann zu dem herzlieben Kinde: „Magdalenchen, mein Töchterlein, du bliebest gerne hier bei deinem Vater und ziehst auch gerne zu jenem Vater? Sprach sie: ja, Herzvater, wie Gott will. Da sagte der Vater: du liebes Töchterlein, der Geist ist willig aber das Fleisch ist schwach, und wandte sich herum und sprach: ich habe sie ja sehr lieb. Ist das Fleisch so stark, was wird denn der Geist sein?" „Liebe Tochter," sprach er nach einer kleinen Weile [2]), „du hast noch einen Vater in dem Himmel, zu dem wirst du ziehen." Da sie nun in den letzten Zügen lag und sterben wollte, „fiel der Vater vor dem Bette auf seine Kniee, weinte bitterlich und betete, daß sie Gott wollte erlösen. Da verschied sie und entschlief in Vaters Händen. Die Mutter war auch wohl in derselben Kammer, doch weiter vom Bette um der Traurigkeit willen. Das geschah ein Wenig nach neun Uhr am Mittwoch des 17. Sonntags nach Trinitatis (20. September) 1542." Da nun seine Hausfrau sehr traurig war, weinte und heulte, sprach Dr. Martin Luther zu ihr: „liebe Käthe, bedenke doch, wo sie hinkommt! Sie kommt ja wohl! Aber Fleisch und Blut fleischert und blutet, thut wie seine Art ist: der Geist lebt und ist willig. Die Kinder disputiren nicht; wie man's ihnen sagt, so glauben sie es; bei den Kindern ist Alles einfältig, sterben ohne Schmerz und Angst, ohne Disputation, ohne Anfechtung des Todes, ohne Schmerzen am Leib, gleichwie sie entschlafen [3])." Und „da

---

1) Tischreden. Aurif. 496 a. Först. 4, 260.
2) Aurif. 496 b. Först. 4, 261.
3) Aurif. 495 b. Först. 4, 258.

das Volk kam, die Leiche helfen zu bestatten und den Doktor nach gemeinem Brauch und Gewohnheit anredeten und sprachen, es wäre ihnen seine Betrübniß leid, sprach er: es soll euch lieb sein! Ich habe einen Heiligen gen Himmel geschickt, ja einen lebendigen Heiligen! O, hätten wir einen solchen Tod! Einen solchen Tod wollte ich auf diese Stunde annehmen ¹)."

---

1) Tischreden. Aurif. 496 b. Först. 4, 262.

Pierer'sche Hofbuchdruckerei. Stephan Geibel & Co. in Altenburg.

Verlag von Julius Niedner in Wiesbaden.

Zur
Geschichte der Predigt.
Charakterbilder der bedeutendsten Kanzelredner.
Von
A. Nebe,
der Theologie Doctor, Professor, Pfarrer.

Der erste Band enthält die Zeit vor der Reformation, von Origenes
bis Tauler;
der zweite Band die Zeit von Luther bis Albertini;
der dritte Band die Zeit von Schleiermacher bis Tholuck und
eine eingehende Charakteristik der jetzt im evangelischen Deutschland
blühenden Predigtweise.
Preis eines jeden Bandes (25—28 Bogen) elegant geheftet 4 Mark,
dauerhaft und schön gebunden 5 Mark.

Dies Buch füllt eine ziemlich allgemein gefühlte Lücke in der
theologischen Literatur der Gegenwart aus, indem es ein reiches
Material darbietet durch die mit großer Sachkenntniß und Gewandt=
heit gezeichneten Charakterbilder derjenigen Prediger, welche tüchtige
Homileten und Homiletiker zugleich waren, und deren Namen die
kirchengeschichtliche Zeit, in der sie lebten und wirkten, repräsentiren.
Der gelehrte Verfasser, rühmlich bekannt durch sein großes Werk über
die Evangelischen und Epistolischen Perikopen des Kirchenjahres,
hat seine gründlichen Quellenstudien für die praktisch=theologische Wissen=
schaft in dankenswerther Weise verwendet.

Jedes Charakterbild weist nach einer kurzen biographischen Skizze
die homiletischen Grundsätze und Eigenthümlichkeiten der Geschilderten
nach und gibt Proben ihrer Beredsamkeit. In der Regel bildet der
Schluß jeder einzelnen Schilderung den Uebergang auf die folgende
und läßt damit den geschichtlichen Zusammenhang nicht vermissen.

Das Werk wird ebenso den angehenden Theologen auf Uni=
versitäten und Seminarien wie den im Amt stehenden Geistlichen
wesentliche Dienste leisten, auch gegen das aus **Rothe's** Nachlaß heraus=
gegebene Geschichtswerk nicht zurücktreten, vielmehr in erwünschter
Weise ergänzend zu demselben Materialien liefern.